LES IMPRÉVUS DE L'HISTOIRE

D0827345

Paru dans Le Livre de Poche :

Collection dirigée par Jean-Paul Enthoven

EMMANUEL LEVINAS

Les Imprévus de l'histoire

PRÉFACE DE PIERRE HAYAT

FATA MORGANA

ISBN : 978-2-253-94296-2 - 1re publication - LGF

ÉPREUVES DE L'HISTOIRE
EXIGENCES D'UNE PENSÉE
par
PIERRE HAYAT

Lorsque le projet du présent recueil de textes d'Emmanuel Levinas qui s'échelonnent sur soixante-trois ans — de 1929 à 1992 — commença à prendre forme, s'est posée la question du choix du titre. M. Levinas nous proposa d'emblée d'intituler le livre : *Les Imprévus de l'histoire.*

L'histoire est effectivement toujours présente dans ce livre. Mais la philosophie ne prétend pas ici ressaisir la nécessité du développement historique. « L'histoire », c'est simultanément l'histoire vécue et interrogée. C'est l'histoire éprouvée dans ses drames et ses retournements tragiques, dont le philosophe porte témoignage[1]. Une histoire pensée avec un sens aigu du « dégagement » de la part d'un homme qui a conscience d'être « immergé » dans son temps[2].

Certains des textes qui paraissent ici ont été suscités par l'événement, d'autres sont des textes « strictement philosophiques ». Dans leur diversité même, les textes qui composent *Les Imprévus de l'histoire* témoignent qu'il est possible d'entrer par mille chemins dans la pensée singulière d'Emmanuel Levinas, ouverte aux nouveautés du présent mais intempestive, attentive à l'événement mais portée par une exigence qui déborde les faits. Car dans les études phénoménologiques comme dans les articles circonstanciels, Levinas ne cesse de philosopher.

★

Nul mieux que le premier texte de ce livre — les *Quelques réflexions sur la philosophie de l'hitlérisme* (p. 23-33) qui paraissent en 1934 dans la revue *Esprit* — ne permet de mesurer l'importance de l'histoire de notre siècle dans la vie et dans la pensée de Levinas.

Levinas insiste en effet sur l'énormité de l'événement de la prise de pouvoir par Hitler un an plus tôt. Il relève que l'hitlérisme introduit une rupture radicale avec l'humanisme occidental. Aux lumières de la raison, l'hitlérisme oppose le message obscur de la race, à l'idéal de l'union des libres volontés, il substitue l'apologie de la force conquérante[3].

Mais Levinas s'interroge aussi sur l'état de la société occidentale des années 30 qui perd « le contact vivant de son vrai idéal de liberté » (p. 31), laissant ainsi le champ libre à une civilisation qui « accepte l'être[4] ». De même s'inquiète-t-il de l'incapacité de la pensée libérale et universaliste européenne à se garder de la barbarie qui s'abat sur l'Allemagne[5].

★

C'est en France, en 1923, que Levinas commence ses études supérieures. A la prestigieuse université de Strasbourg, il découvre, « par un pur hasard » l'œuvre de Husserl[6]. Rencontre intellectuelle imprévue et pourtant éprouvée comme nécessaire : dans le milieu des années 20, « c'est toute l'aventure de la phénoménologie qui commence pour moi et un chemin qui me semble — comme on dit aujourd'hui — "incontournable"[7] ».

Le premier texte que publie Levinas, à 23 ans, est d'ailleurs une étude d'une grande précision *Sur les* Ideen *de M. E. Husserl* (p. 37-80). L'article paraît en 1929 dans la *Revue philosophique de la France et de l'étranger*, un an avant la sortie de la *Théorie de l'intui-*

tion dans la phénoménologie de Husserl, la thèse de troisième cycle de Levinas[8]. Dans cette étude qui est l'une des premières à paraître en France sur Husserl, Levinas expose le projet husserlien d'éclaircir « la thèse existentielle » que l'attitude naturelle dans laquelle nous vivons présuppose naïvement (p. 50)[9]. Nous présupposons en effet que les choses qui nous sont données existent. Mais le sens de leur existence nous échappe. Habituellement, nous voyons ce qui se donne sans cependant nous inquiéter de savoir « comment, en tant que donné, le donné se donne » (p. 48). La phénoménologie rappelle que la thèse existentielle est obscure et que c'est sur cette obscurité que le scepticisme prend appui. Pour dépasser le scepticisme, la phénoménologie s'interdit de vivre dans la croyance implicite en l'existence du monde, mettant entre parenthèses la thèse existentielle. C'est l'*épochè* (p. 51). Mais il apparaît que la conscience résiste à l'*épochè*. La conscience seule peut s'apercevoir elle-même. Elle est l'évidence absolue, le véritable commencement de la science.

Levinas souligne que « la grande originalité » de Husserl est d'avoir vu dans l'intentionalité la propriété fondamentale de la conscience (p. 52). La conscience est toujours conscience de quelque chose, tout désir est désir du « désiré » *(ibid.)*. La phénoménologie permet en cela de dépasser le problème traditionnel de l'adéquation de la pensée à l'objet. Car, d'après Husserl, « le rapport à l'objet définit la conscience elle-même » de sorte que « *c'est le rapport à l'objet qui est le phénomène primitif et non pas un sujet et un objet qui devraient arriver l'un vers l'autre* » *(ibid.)*[10].

Mais la valeur de cette étude d'extrême jeunesse ne tient pas seulement au fait qu'elle rend compte de la phénoménologie husserlienne jusqu'alors inconnue en France. Car Levinas expose aussi ce qui forme à ses yeux « le grand intérêt » de Husserl : la théorie de l'intentionalité ouvre un « champ infini de recherches » si l'on admet que les actes de conscience se composent d'une multiplicité d'intentions liées entre elles (p. 63). La théorie de l'intentionalité doit éduquer la pensée à passer de l'objet à l'intention et de l'intention à tout ce que l'intention comporte comme horizon de visées. Elle doit enseigner que le regard qui se porte sur une chose est lui-même un regard couvert par cette chose.

La lecture déjà personnelle que Levinas fait de Husserl dans cette étude de 1929 se reconnaît aussi à l'insistance mise sur le monde intersubjectif qui est présupposé dans l'essence de la vérité (p. 77). L'article se conclut sur l'*Einfühlung* qui désigne l'acte par lequel nous connaissons la vie consciente d'autrui *(ibid.)*[11].

Cette étude sur les *Ideen* de Husserl est parue au moment où Levinas se trouvait à Fribourg pour être, durant l'année universitaire 1928-1929, l'auditeur de Husserl. Levinas évoque dans un article de 1931 Fribourg, « ville de la phénoménologie » (p. 82) où la joie au travail se mêle à l'enthousiasme chez les étudiants qui s'éveillent à la philosophie de Husserl. Mais, à Fribourg, Levinas ne rencontre pas seulement Husserl. Il découvre aussi Heidegger. Dans l'article de 1931 sur *Fribourg, Husserl et la phénoménologie* (p. 81-92), Levinas s'attache à dégager les intentions impliquées dans les sentiments, à commencer par le sentiment d'angoisse. Pour le jeune Levinas, l'analyse phénoménologique de l'angoisse présentée par Heidegger témoigne de la fécondité d'une pensée capable de rendre compte de cette « attitude souverainement métaphysique » (p. 86), en nous révélant dans le monde la marque du néant[12].

La lettre que Levinas adresse à Jean Wahl en 1937 (p. 93-95) et l'intervention qu'il prononce en 1946 à la suite d'une conférence de Wahl (p. 96-100) confirment l'influence exercée pendant un temps par l'auteur de *Sein und Zeit* sur Levinas. Levinas insiste sur le « radicalisme qui est sans précédent dans l'histoire de la philosophie » avec lequel chez Heidegger la transcendance s'accomplit non pas dans le passage d'un étant à l'autre mais de l'étant vers l'être (p. 94). Rompant avec l'habitude de parler du mot être comme s'il s'agissait d'un substantif, Heidegger transporte dans l'être la relation, le mouvement et la possibilité. Lorsque Heidegger parle de « l'être dans le monde », de « l'être pour la mort » ou de « l'être avec les autres », « ces prépositions *dans, pour,* et *avec* sont dans la racine du verbe être, comme *ex* est dans la racine de l'*ex*ister » (p. 98). Levinas va jusqu'à reconnaître en Heidegger le philosophe de l'existentialisme, lors même que ce dernier récuse ce terme (p. 97)[13]. Car avec Heidegger le fait d'exister « jusqu'alors inoffensif et tranquille » apparaît comme « l'aventure elle-même » (p. 98). L'existence est transcendance, sortie dans le monde et projection hors de soi comme être au monde.

Mais s'agissant de Heidegger, « nous ne pouvons laisser de côté le fait qu'au moment de la formation et des premiers triomphes du nazisme, sa décision résolue a été de se mettre à la suite des chefs nazis[14] ». La formule, d'une rare clarté, prononcée par Jean Wahl lors de son exposé sur l'existentialisme, en 1946 au Club Maintenant, aurait pu être de Levinas. Jean Wahl va jusqu'à s'interroger sur la conclusion à tirer « d'un point de vue moral » d'une philosophie qui fait découvrir une existence délaissée dans le monde[15]. Cette question sera aussi celle de Levinas[16].

Si Levinas a pu reconnaître dans l'éthique « la philosophie première », c'est qu'à l'opposé de Heidegger l'être n'est pas pour lui l'horizon dernier de la philosophie. Dans un essai de 1935 intitulé *De l'évasion*, Levinas expose déjà « le besoin profond de sortir de l'être[17] ». Il développe, deux ans avant la parution de *La Nausée*, le célèbre roman de Sartre, une subtile phénoménologie de la nausée décrite comme « une impossibilité d'être ce que l'on est, (où) on est en

11

même temps rivé à soi-même, enserré dans un cercle étroit qui étouffe[18] ».

L'influence que les travaux phénoménologiques du jeune Levinas ont exercée sur Sartre dans les années 30 est indiscutable, même si le fait est encore mal connu[19]. On pourrait d'ailleurs utilement confronter l'existentialisme de Sartre pour qui l'existence humaine est condamnée à la liberté et la métaphysique de Levinas pour qui l'existence s'éveille à l'humain lorsqu'elle est jugée et investie comme liberté. Entre l'ontologie phénoménologique de *L'Être et le Néant* et la phénoménologie qui bascule du côté de l'éthique de Levinas, les points de convergence importent autant que les points de rupture[20]. Quatre textes qui paraissent ici témoignent précisément de la proximité et de l'éloignement des deux penseurs.

L'article intitulé *Existentialisme et antisémitisme*, tout d'abord, a paru en 1947 dans *Paix et Droit*, revue de l'Alliance israélite universelle. Levinas commente la conférence donnée par Sartre le 3 juin 1947 sur la question juive, près d'un an après la parution des *Réflexions sur la question juive*. Levinas salue « une tentative de penser l'homme, en englobant dans sa spiritualité sa situation historique, économique et sociale, sans en faire un simple objet de pensée » (p. 105). Avec l'existentialisme de Sartre, l'universalisme de la philosophie des droits de l'homme perdrait ainsi de son abstraction. On peut toutefois se demander si Levinas ne projette pas sur l'existentialisme de Sartre ses propres préoccupations déjà exposées dans les *Quelques réflexions sur la philosophie de l'hitlérisme* (p. 23-33). Mais il est sûr aussi qu'il tente en 1947 d'engager un dialogue avec Sartre et la « philosophie moderne ».

Ce dialogue avec Sartre, Levinas le poursuit, de façon moins directe il est vrai, dans *La réalité et son ombre* qui paraît en 1948 dans *Les Temps modernes* (p. 107-127). Ce texte sévère, dérangeant et corrosif sur l'art et la littérature, est un essai dont la portée philosophique excède largement les limites d'une confrontation avec *L'Imaginaire* de Sartre. Il est tout de même précédé d'un avertissement signé : « Temps modernes », où l'auteur prend un soin méticuleux à marquer la distance qui sépare Sartre de Levinas[21].

Contre la tendance à penser l'art dans le sillage de l'action engagée, Levinas définit l'art « comme essentiellement dégagé » (p. 124). Mais loin de valoriser cette dimension d'évasion de l'œuvre d'art, Levinas voit dans l'art la substitution d'un monde à achever par l'achèvement de son image. L'art renonce à penser la réalité et à agir sur elle. « Ne parlez pas, ne réfléchissez pas, admirez en silence et en paix — tels sont les conseils de la sagesse satisfaite devant le beau » (p. 125). L'art apporte au monde l'amour du fait. Le désintéressement qu'on lui suppose n'est que l'envers de son irresponsabilité[22].

Cette mise en question de la bonne conscience esthétique s'appuie sur une phénoménologie du mode d'existence de l'œuvre d'art et de la temporalité qui lui est propre. « Eternellement le sourire de la Joconde, qui va s'épanouir, ne s'épanouira pas. Un avenir éternellement suspendu flotte autour de la position figée de la statue comme un avenir à jamais avenir » (p. 119). Caricature de vie, l'œuvre d'art présente une liberté qui ne peut s'accomplir. Exclusivement image plastique, idole, essentiellement statue, l'œuvre d'art ne peut accomplir sa « tâche de présent » en passant dans un passé ou en promettant un avenir nouveau. Parallèle à la durée concrète de la vie, l'œuvre d'art présente un arrêt du temps que Levinas nomme l'« entretemps », qui est l'interminable durée de l'instant sans présent assumé ni passé identifié et dont l'avenir est destiné à demeurer à jamais suspendu[23].

Comme on le voit, dans *La réalité et son ombre*, « les idées de Sartre ne sont examinées qu'à moitié[24] ». A vrai dire, les questions que pose Levinas au héraut de l'existentialisme français ne portent pas prioritairement sur l'art ni même sur la thèse de l'engagement défendue par Sartre et ses amis[25]. Car Levinas s'intéresse d'abord aux positions de Sartre sur le judaïsme, sur la politique et l'histoire. Deux textes de Levinas parus en 1980 au lendemain de la mort de Sartre — un article donné au *Matin de Paris* (p. 128-133) et un entretien accordé à Victor Malka (p. 134-137) — mettent d'ailleurs l'accent sur la découverte tardive par Sartre d'une autre dimension de l'histoire, différente de celle, « purement politique (...) qu'écrivent vainqueurs et superbes » (p. 132-133)[26]. L'histoire juive, en particulier, qui n'est pas intelligible à partir de « l'histoire des Etats, (...) des nations sur leur terre, (...) des gouvernements », porte témoignage de l'effectivité de cette autre histoire (p. 132).

Mais « l'autre histoire » désigne surtout une manière de solliciter l'histoire humaine en s'attachant à « penser une histoire à laquelle les vaincus et les persécutés pourraient prêter quelque sens valable[27] ». Elle vise à rendre sensible une dimension de sens qu'ignore le travail rationnel de reconstitution du sens des actions à partir de leur succès ou de leur échec[28].

Ce regard sur l'histoire témoigne du souci de Levinas de ne pas soumettre la responsabilité personnelle à l'implacable cours des événements et de ne pas placer toute sa confiance dans les institutions politiques. Non que Levinas omette le poids de l'histoire objective ou qu'il méconnaisse la nécessité des institutions politiques, mais il indique qu'il n'est pas insensé de réclamer de l'homme politique des manifestations de scrupule moral. « Mais n'est-il pas dès lors raisonnable qu'un homme d'Etat s'interrogeant sur la nature des décisions qu'il prend, ne se demande pas seulement si elles sont conformes au sens de l'histoire universelle, mais aussi si elles s'accordent avec l'autre histoire ? » (p. 132).

★

Trois articles circonstanciels donnés à la revue *Esprit* en 1956 et 1960 témoignent de façon concrète de cette manière d'interroger l'histoire politique à l'aune de l'éthique (p. 141-151).

Le premier article analyse les rapports entre les « deux blocs », marqués par la peur partagée que fait peser sur le monde la menace de l'arme atomique (p. 141-144). Les « deux Grands » sont ainsi unis par « une solidarité, certes fondée sur la physique et non pas sur la morale » (p. 144). Levinas interroge un jeu politique seulement réglé par l'obéissance à des « forces sans visages » (p. 141). Assurément, une mauvaise paix vaut mieux qu'une bonne guerre : mais lorsque « l'équilibre de la terreur » règne en maître, la responsabilité abdique l'essentiel de ses prétentions en se conformant exclusivement aux nécessités imposées par l'arme atomique.

La visite de Khrouchtchev en France en 1960 est l'occasion d'une mise en cause du totalitarisme post-stalinien qui réduit la liberté à l'appartenance à l'ordre impersonnel de l'Etat, mais aussi d'une vive critique de certains intellectuels de gauche. « Les penseurs occidentaux sont donc tous mûrs pour accepter les structures dont parle M. K. Personne ne pourra les soupçonner d'avoir eu une émotion morale ! Ils rencontrent le socialisme non pas comme l'expression d'une révolte contre la souffrance humaine, mais comme pur accomplissement de l'idée de l'Universel. » (p. 147). On voit là que Levinas n'oppose nullement l'éthique et le socialisme. Il met plutôt en question la réduction de la politique à la reproduction des structures anonymes de l'Etat[29]. Levinas n'a d'ailleurs pas ignoré l'élan éthique qui a porté le marxisme (p. 27-28, p. 184). Mais très tôt éveillé à la perversion du marxisme en stalinisme et aux limites de la déstalinisation, Levinas est un témoin lucide et inquiet de notre siècle.

Lorsque Levinas aborde le schisme sino-soviétique, c'est pour mettre en question un certain usage de la dialectique historique (p. 149-151). A propos du soutien soviétique apporté aux jeunes Etats nationalistes, Levinas observe qu'en bonne logique dialectique « il serait (...) raisonnable de soutenir les anti-communistes s'ils représentent une étape vers le socialisme et de témoigner de la sympathie à ceux qui torturent des communistes dans leurs prisons » (p. 151). La dialectique vient ainsi appuyer la certitude d'un sens de l'histoire où le mal s'inverse en bien et où toute forme de conviction personnelle cède la place au réalisme politique.

★

La dernière étude de ce livre fait l'éloge de la laïcité (p. 155-173). Dans ce texte de 1960 qui contredit bien des préjugés sur la pensée de Levinas, Levinas souligne que la laïcité ne se définit pas par une indifférence à l'égard d'un hypothétique destin surnaturel des hommes. Elle ne se réduit pas davantage à la défense de telle ou telle institution sociale. Prenant appui sur ses recherches entreprises à partir de l'après-guerre sur le lien social, Levinas voit dans l'idéal laïque l'expression de la vocation sociale des hommes. En refusant de se reposer sur un quelconque fondement métasocial, la laïcité cherche dans le lien social lui-même, dans la solidarité et dans la fraternité humaines, la source de toute valeur[30]. « [...] la société s'affirme, pour les amis de la laïcité, comme valeur positive et comme valeur primordiale » (p. 159).

Mais Levinas défend la laïcité par une voie inattendue, puisqu'il affirme que la religion rejoint l'idéal de la laïcité (p. 160). Car pour Levinas, la religion ne désigne pas tant une institution que la conscience morale elle-même. « La vraie corrélation entre l'homme et Dieu dépend d'une relation d'homme à homme, dont l'homme assume la pleine responsabilité, comme s'il n'y avait pas de Dieu sur qui compter » (p. 161)[31]. Voulant faire droit à l'inconditionnalité de la morale, l'esprit laïque n'admet pas que la société se soumette à un particularisme religieux (p. 162).

★

Last but not least. En fin de volume sont reproduits deux entretiens, l'un avec Bertrand Révillon pour *La Croix* (p. 177-180) et l'autre avec Roger-Pol Droit pour *Le Monde* (p. 181-187).

NOTES

1. « Les guerres mondiales — et locales —, le national-socialisme, le stalinisme — et même la déstalinisation — les camps, les chambres à gaz, les arsenaux nucléaires, le terrorisme et le chômage — c'est beaucoup pour une seule génération, n'en eût-elle été que le témoin » (*Noms propres*, Fata Morgana, 1976, p. 9).

2. *Difficile liberté*, Albin Michel, 1976, p. 275.

3. De 1935 à 1939, Levinas donne à *Paix et Droit,* la revue de l'Alliance israélite universelle, plusieurs articles où il repère déjà dans l'hitlérisme « la plus grande épreuve — l'épreuve incomparable — que le judaïsme ait eue à traverser » (*Paix et Droit*, 1935, n° 8, p. 4). Il s'interroge aussi sur « l'essence de l'antisémitisme », analysant l'opposition violente du paganisme au judaïsme (*Paix et Droit*, 1938, n° 5, pp. 3-4). Ces textes ont été rassemblés et présentés par Catherine Chalier (*L'Herne, Emmanuel Levinas*, n° 60, pp. 139-153).

4. *De l'évasion*, Fata Morgana, 1982, p. 98.

5. Levinas reviendra 57 ans plus tard sur ce texte de 1934 : « L'article procède d'une conviction que la source de la barbarie sanglante du national-socialisme n'est pas dans une quelconque anomalie contingente du raisonnement humain ni dans un quelconque malentendu idéologique occidental » (*L'Herne, Emmanuel Levinas*).

6. *Ethique et infini*, Fayard, 1987, p. 24.

7. *Emmanuel Levinas. Qui êtes-vous ?*, La Manufacture, 1987, p. 73.

8. *La Théorie de l'intuition dans la phénoménologie de Husserl*, Alcan, 1930.

9. Dans l'introduction à *La Théorie de l'intuition dans la phénoménologie de Husserl*, Levinas fait le point sur l'état des recherches husserliennes en 1930 (*ibid.*, pp. 11-18).

10. Levinas montre avec clarté comment la phénoménologie husserlienne recommence l'entreprise cartésienne, mais renouvelle et « féconde » aussi les *Méditations métaphysiques*.

11. La théorie de l'*Einfühlung* deviendra un des terrains de discussion de Levinas avec la phénoménologie husserlienne. Cf., par exemple, *Hors sujet*, Fata Morgana, 1987, pp. 54-57.

12. *Ethique et Infini*, p. 34.

13. « La question qui me préoccupe, écrit Heidegger à Wahl, n'est pas celle de l'existence de l'homme ; c'est celle de l'être en tant que tel. » *Lettre à Jean Wahl, Bulletin de la société française de philosophie*, tome 37, 1937, p. 193.

14. Wahl, *Esquisse pour une histoire de l'« existentialisme »* suivie de : *Kafka et Kierkegaard*, 1949, p. 53.

15. *Ibid.*, p. 44 et pp. 53-54.

16. *Le Temps et l'Autre.* Le livre reprend les quatre conférences faites par Levinas en 1946 au Collège philosophique fondé par Jean Wahl.

17. *De l'évasion*, p. 97.

18. *Ibid.*, p. 90.

19. « Je vins à la phénoménologie par Levinas et partis pour Berlin où je restai près d'un an. » *Situations IV*, 1964, p. 192. Cf. aussi Simone de Beauvoir, *La Force de l'âge*, 1960, p. 157.

20. Sur la question, on peut consulter : S. Malka, *Lire Levinas*, Paris, Le Cerf, 1984, pp. 27-37.

21. *Les Temps modernes*, 1948, n° 38, pp. 769-770.

22. Après *La réalité et son ombre*, Levinas réévaluera partiellement l'art pour le considérer sous l'éclairage de l'éthique. Ainsi, Levinas écrit-il dans *Humanisme de l'autre homme* que « l'œuvre pensée jusqu'au bout exige une générosité radicale du mouvement qui dans le Même va vers l'Autre » (*Humanisme de l'autre homme*, Fata Morgana, 1972, p. 41). Dans un entretien avec Françoise Armengaud à propos de l'œuvre de Sosno, Levinas parle même de l'art qui suscite la responsabilité (*De l'oblitération. Entretien avec Françoise Armengaud*, p. 26) et guérit du désir d'exercer une emprise sur les choses (*ibid.*, p. 28). Sur ces questions, on peut consulter : Armengaud, « Ethique et esthétique : de l'ombre à l'oblitération », dans : *L'Herne, Emmanuel Levinas*, n° 60, pp. 499-507.

23. Texte singulier et peu lu, *La réalité et son ombre* est une étude d'une grande force philosophique non seulement par les questions qu'il pose sur l'art et la littérature, mais par les interrogations qu'il suscite sur les rapports du philosophique et du non-philosophique. Dans une note d'*Autrement qu'être*, Levinas revient sur son propre projet d'une exposition conceptuelle du non-contemporain et de l'incomparable. « Le passé immémorial est intolérable à la pensée. D'où l'exigence de l'arrêt : *anankè stenai*. Le mouvement au-delà de l'être devient ontologie et théologie. D'où aussi l'idolâtrie du beau » (*Autrement qu'être ou Au-delà de l'essence*, Nijhoff, 1974, p. 191, note 21). Lorsque la pensée refuse d'exposer « l'autrement qu'être », l'art peut, subrepticement, prendre la place de l'éthique en donnant l'impression de manifester le non-lieu et l'anachronique. Mais il y a là une véritable difficulté. Car les mêmes catégories — l'entretemps, le dégagement, l'incomparable — servent à Levinas à penser aussi bien l'art que

l'éthique. On peut en déduire que l'art est la contrefaçon de l'éthique. Mais on peut supposer aussi que par sa ressemblance — fût-elle trompeuse — avec l'éthique, l'expérience esthétique éduque au langage de « l'autrement qu'être ». Cf. *Autrement qu'être ou Au-delà de l'essence*, pp. 52-53, p. 185, note 10.

24. *Les Temps modernes*, 1948, n° 38, p. 769.

25. L'opposition entre l'« éloignement » de Levinas et l'« engagement » de Sartre est artificielle. « Ceux qui insistent sur l'engagement dans l'œuvre de Sartre, oublient que sa préoccupation principale consiste à assurer un dégagement au sein de l'engagement. Elle aboutit à un nihilisme dans sa plus noble expression — négation de l'engagement suprême qu'est pour l'homme sa propre essence » (*Difficile liberté*, p. 274).

26. Sartre (J.-P.), « L'espoir maintenant. Entretien avec Benny Lévy » *Le Nouvel Observateur,* lundi 24 mars 1980, pp. 103-139.

27. *Difficile liberté*, p. 361.

28. Ces propositions sur l'histoire font écho à la réfutation d'un système téléologique de l'histoire présentée notamment dans la préface à *Totalité et infini*. « Ce n'est pas le jugement dernier qui importe, mais le jugement de tous les instants dans le temps où on juge les vivants » (*Totalité et infini*, Nijhoff, 1961, p. XI).

29. *Difficile liberté*, pp. 265-268 et p. 326.

30. Cf. *Totalité et infini*, pp. 189-190 et pp. 255-257.

31. A comparer avec *Autrement qu'être ou Au-delà de l'essence*, p. 196.

PENSER L'HITLÉRISME EN 1934

I

QUELQUES RÉFLEXIONS SUR
LA PHILOSOPHIE DE L'HITLÉRISME

La philosophie d'Hitler est primaire. Mais les puissances primitives qui s'y consument font éclater la phraséologie misérable sous la poussée d'une force élémentaire. Elles éveillent la nostalgie secrète de l'âme allemande. Plus qu'une contagion ou une folie, l'hitlérisme est un réveil des sentiments élémentaires.

Mais dès lors, effroyablement dangereux, il devient philosophiquement intéressant. Car les sentiments élémentaires recèlent une philosophie. Ils expriment l'attitude première d'une âme en face de l'ensemble du réel et de sa propre destinée. Ils prédéterminent ou préfigurent le sens de l'aventure que l'âme courra dans le monde.

La philosophie de l'hitlérisme déborde ainsi la philosophie des hitlériens. Elle met en question les principes mêmes d'une civilisation. Le conflit ne se joue pas seulement entre le libéralisme et l'hitlérisme. Le christianisme lui-même est menacé malgré les ménagements ou concordats dont profitèrent les Eglises chrétiennes à l'avènement du régime.

Mais il ne suffit pas de distinguer, comme certains journalistes, l'universalisme chrétien du particularisme raciste : une contradiction logique ne saurait juger un événement concret. La signification d'une

23

liberté here – the opposite of DETERMINISM.

contradiction logique qui oppose deux courants d'idées n'apparaît pleinement que si l'on remonte à leur source, à l'intuition, à la décision originelle qui les rend possibles. C'est dans cet esprit que nous allons exposer ces quelques réflexions.

ie. Historic that would be a Limitation a a Determination I

Les libertés politiques n'épuisent pas le contenu de l'esprit de liberté qui, pour la civilisation européenne, signifie une conception de la destinée humaine. Elle est un sentiment de la liberté absolue de l'homme vis-à-vis du monde et des possibilités qui sollicitent son action. L'homme se renouvelle éternellement devant l'Univers. A parler absolument, il n'a pas d'histoire.

Car l'histoire est la limitation la plus profonde, la limitation fondamentale. Le temps, condition de l'existence humaine, est surtout condition de l'irréparable. Le fait accompli, emporté par un présent qui fuit, échappe à jamais à l'emprise de l'homme, mais pèse sur son destin. Derrière la mélancolie de l'éternel écoulement des choses, de l'illusoire présent d'Héraclite, il y a la tragédie de l'inamovibilité d'un passé ineffaçable qui condamne l'initiative à n'être qu'une continuation. La vraie liberté, le vrai commencement exigerait un vrai présent qui, toujours à l'apogée d'une destinée, la recommence éternellement.

Le judaïsme apporte ce message magnifique. Le remords — expression douloureuse de l'impuissance radicale de réparer l'irréparable — annonce le repentir générateur du pardon qui répare. L'homme trouve dans le présent de quoi modifier, de quoi effacer le passé. Le temps perd son irréversibilité même. Il s'affaisse énervé aux pieds de l'homme comme une bête blessée. Et il le libère.

Le sentiment cuisant de l'impuissance naturelle de l'homme devant le temps fait tout le tragique de la

24

Moïra grecque, toute l'acuité de l'idée du péché et toute la grandeur de la révolte du christianisme. Aux Atrides qui se débattent sous l'étreinte d'un passé, étranger et brutal comme une malédiction, le christianisme oppose un drame mystique. La Croix affranchit ; et par l'Eucharistie qui triomphe du temps cet affranchissement est de chaque jour. Le salut que le christianisme veut apporter vaut par la promesse de recommencer le définitif que l'écoulement des instants accomplit, de dépasser la contradiction absolue d'un passé subordonné au présent, d'un passé toujours en cause, toujours remis en question.

Par là, il proclame la liberté, par là il la rend possible dans toute sa plénitude. Non seulement le choix de la destinée est libre. Le choix accompli ne devient pas une chaîne. L'homme conserve la possibilité — surnaturelle certes, mais saisissable, mais concrète — de résilier le contrat par lequel il s'est librement engagé. Il peut recouvrer à chaque instant sa nudité des premiers jours de la création. La reconquête n'est pas facile. Elle peut échouer. Elle n'est pas l'effet du capricieux décret d'une volonté placée dans un monde arbitraire. Mais la profondeur de l'effort exigé ne mesure que la gravité de l'obstacle et souligne l'originalité de l'ordre nouveau promis et réalisé qui triomphe en déchirant les couches profondes de l'existence naturelle.

Cette liberté infinie à l'égard de tout attachement par laquelle, en somme, aucun attachement n'est définitif, est à la base de la notion chrétienne de l'âme. Tout en demeurant la réalité suprêmement concrète, exprimant le fond dernier de l'individu, elle a l'austère pureté d'un souffle transcendant. A travers les vicissitudes de l'histoire réelle du monde, le pouvoir du renouvellement donne à l'âme comme une nature nouménale, à l'abri des atteintes d'un monde où cependant l'homme concret est installé. Le paradoxe n'est qu'apparent. Le détachement de l'âme n'est pas une abstraction, mais un pouvoir concret et positif de se détacher, de s'abstraire. La dignité égale de toutes les âmes, indépendamment de la condition matérielle ou sociale des personnes, ne découle pas d'une théorie qui affirmerait sous les différences individuelles une analogie de « constitution psychologique ». Elle est due au pouvoir donné à l'âme de se libérer de *ce qui a été*, de tout ce qui l'a liée, de tout ce qui l'a engagée — pour retrouver sa virginité première.

Si le libéralisme des derniers siècles escamote l'aspect dramatique de cette libération, il en conserve un élément essentiel sous forme de liberté souveraine de la raison. Toute la pensée philosophique et politique des Temps modernes tend à placer l'esprit humain sur un plan supérieur au réel, creuse un abîme entre l'homme et le monde. Rendant impossible l'application des catégories du monde physique à la spiritualité de la raison, elle met le fond dernier de l'esprit en dehors du monde brutal et de l'histoire implacable de l'existence concrète. Elle substitue, au monde aveugle du sens commun, le monde reconstruit par la philosophie idéaliste, baigné de raison et soumis à la raison. A la place de la libération par la grâce il y a l'autonomie, mais le *leit-motiv* judéo-chrétien de la liberté la pénètre.

Les écrivains français du XVIIIᵉ siècle, précurseurs de l'idéologie démocratique et de la Déclaration des droits de l'homme, ont, malgré leur matérialisme, avoué le sentiment d'une raison exorcisant la matière physique, psychologique et sociale. La lumière de la raison suffit pour chasser les ombres de l'irrationnel. Que reste-t-il du matérialisme quand la matière est toute pénétrée de raison ?

L'homme du monde libéraliste ne choisit pas son destin sous le poids d'une Histoire. Il ne connaît pas ses possibilités comme des pouvoirs inquiets qui bouillonnent en lui et qui déjà l'orientent vers une voie déterminée. Elles ne sont pour lui que possibilités logiques s'offrant à une sereine raison qui choisit en gardant éternellement ses distances.

II

Le marxisme, pour la première fois dans l'histoire occidentale, conteste cette conception de l'homme.

L'esprit humain ne lui apparaît plus comme la pure liberté, comme l'âme planant au-dessus de tout attachement ; il n'est plus la pure raison faisant partie d'un règne des fins. Il est en proie aux besoins matériels. Mais à la merci d'une matière et d'une société qui n'obéissent plus à la baguette magique de la raison, son existence concrète et asservie a plus d'importance, plus de poids que l'impuissante raison. La lutte qui préexiste à l'intelligence lui impose des décisions qu'elle n'avait pas prises. « L'être détermine la conscience. » La science, la morale, l'esthétique ne sont pas morale, science et esthétique en soi, mais traduisent à tout instant l'opposition fondamentale des civilisations bourgeoise et prolétarienne.

L'esprit de la conception traditionnelle perd ce pouvoir de dénouer tous les liens dont il a toujours été si fier. Il se heurte à des montagnes que, par elle-même, aucune foi ne saurait ébranler. La liberté absolue, celle qui accomplit les miracles, se trouve bannie, pour la première fois, de la constitution de l'esprit. Par là le marxisme ne s'oppose pas seulement au christianisme, mais à tout le libéralisme idéaliste pour qui « l'être ne détermine pas la conscience », mais la conscience ou la raison détermine l'être.

Par là, le marxisme prend le contre-pied de la culture européenne ou, du moins, brise la courbe harmonieuse de son développement.

III

Toutefois cette rupture avec le libéralisme n'est pas définitive. Le marxisme a conscience de continuer, dans un certain sens, les traditions de 1789 et le jacobinisme semble inspirer dans une large mesure les révolutionnaires marxistes. Mais surtout si l'intuition fondamentale du marxisme consiste à apercevoir l'esprit dans un rapport inévitable à une situation déterminée, cet enchaînement n'a rien de radical. La conscience individuelle déterminée par l'être n'est pas assez impuissante pour ne pas conserver — en principe du moins — le pouvoir de secouer l'envoûtement social qui apparaît dès lors comme étranger à son essence. Prendre conscience de sa situation sociale, c'est pour Marx lui-même s'affranchir du fatalisme qu'elle comporte.

Une conception véritablement opposée à la notion européenne de l'homme ne serait possible que si la situation à laquelle il est rivé ne s'ajoutait pas à lui mais faisait le fond même de son être. Exigence paradoxale que l'expérience de notre corps semble réaliser.

Qu'est-ce selon l'interprétation traditionnelle que d'avoir un corps ? C'est le supporter comme un objet du monde extérieur. Il pèse à Socrate comme les chaînes dont le philosophe est chargé dans la prison d'Athènes ; il l'enferme comme le tombeau même qui l'attend. Le corps c'est l'obstacle. Il brise l'élan libre de l'esprit, il le ramène aux conditions terrestres, mais, comme un obstacle, il est à surmonter.

C'est le sentiment de l'éternelle étrangeté du corps par rapport à nous qui a nourri le christianisme aussi bien que le libéralisme moderne. C'est lui qui a persisté à travers toutes les variations de l'éthique et malgré le déclin subi par l'idéal ascétique depuis la Renaissance. Si les matérialistes confondaient le moi avec le corps, c'était au prix d'une négation pure et simple de l'esprit. Ils plaçaient le corps dans la nature, ils ne lui accordaient pas de rang exceptionnel dans l'Univers.

Or, le corps n'est pas seulement l'éternel étranger. L'interprétation classique relègue à un niveau inférieur et considère comme une étape à franchir, un sentiment d'identité entre notre corps et nous-mêmes que certaines circonstances rendent particulièrement aigu. Le corps ne nous est pas seulement plus proche que le reste du monde et plus familier, il ne commande pas seulement notre vie psychologique, notre humeur et notre activité. Au-delà de ces constatations banales, il y a le sentiment d'identité. Ne nous affirmons-nous pas dans cette chaleur unique de notre corps bien avant l'épanouissement du Moi qui prétendra s'en distinguer ? Ne résistent-ils pas à toute épreuve, ces liens que, bien avant l'éclosion de l'intelligence, le sang établit ? Dans une dangereuse entreprise sportive, dans un exercice risqué où les gestes atteignent une perfection presque abstraite sous le souffle de la mort, tout dualisme entre le moi et le corps doit disparaître. Et dans l'impasse de la douleur physique, le malade n'éprouve-t-il pas la simplicité indivisible de son être quand il se retourne sur son lit de souffrance pour trouver la position de paix ?

Dira-t-on que l'analyse révèle dans la douleur l'opposition de l'esprit à cette douleur, une révolte, un refus d'y demeurer et par conséquent une tentative de la dépasser — mais cette tentative n'est-elle pas caractérisée comme d'ores et déjà désespérée ? L'esprit révolté ne reste-t-il pas enfermé dans la douleur, inéluctablement ? Et n'est-ce pas ce désespoir qui constitue le fond même de la douleur ?

A côté de l'interprétation donnée par la pensée traditionnelle de l'Occident de ces faits qu'elle appelle bruts et grossiers et qu'elle sait réduire, il peut subsister le sentiment de leur originalité irréductible et le désir d'en maintenir la pureté. Il y aurait dans la douleur physique une position absolue.

Le corps n'est pas seulement un accident malheureux ou heureux nous mettant en rapport avec le monde implacable de la matière — *son adhérence au Moi vaut par elle-même*. C'est une adhérence à laquelle *on n'échappe pas* et qu'aucune métaphore ne saurait faire confondre avec la présence d'un objet extérieur ; c'est une union dont rien ne saurait altérer le goût tragique du définitif.

Ce sentiment d'identité entre le moi et le corps — qui, bien entendu, n'a rien de commun avec le matérialisme populaire — ne permettra donc jamais à ceux qui voudront en partir de retrouver au fond de cette unité la dualité d'un esprit libre se débattant contre le corps auquel il aurait été enchaîné. Pour eux, c'est, au contraire, dans cet enchaînement au corps que consiste toute l'essence de l'esprit. Le séparer des formes concrètes où il s'est d'ores et déjà engagé, c'est trahir l'originalité du sentiment même dont il convient de partir.

L'importance attribuée à ce sentiment du corps, dont l'esprit occidental n'a jamais voulu se contenter, est à la base d'une nouvelle conception de l'homme. Le biologique avec tout ce qu'il comporte de fatalité devient plus qu'un *objet* de la vie spirituelle, il en devient le cœur. Les mystérieuses voix du sang, les appels de l'hérédité et du passé auxquels le corps sert d'énigmatique véhicule perdent leur nature de problèmes soumis à la solution d'un Moi souverainement libre. Le Moi n'apporte pour les résoudre que les inconnues mêmes de ces problèmes. Il en est constitué. L'essence de l'homme n'est plus dans la liberté, mais dans une espèce d'enchaînement. Etre véritablement soi-même, ce n'est pas reprendre son vol au-dessus des contingences, toujours étrangères à la liberté du Moi ; c'est au contraire prendre conscience de l'enchaînement originel inéluctable, unique à notre corps ; c'est surtout accepter cet enchaînement.

Dès lors, toute structure sociale qui annonce un affranchissement à l'égard du corps et qui ne l'engage pas devient suspecte comme un reniement, comme une trahison. Les formes de la société moderne fondée sur l'accord des volontés libres n'apparaîtront pas seulement fragiles et inconsistantes, mais fausses et mensongères. L'assimilation des esprits perd la grandeur du triomphe de l'esprit sur le corps. Elle devient œuvre des (faussaires.) Une société à base consanguine découle immédiatement de cette concrétisation de l'esprit. Et alors, si la race n'existe pas, il faut l'inventer !

Cet idéal de l'homme et de la société s'accompagne d'un nouvel idéal de pensée et de vérité.

Ce qui caractérise la structure de la pensée et de la vérité dans le monde occidental — nous l'avons souligné — c'est la distance qui sépare initialement l'homme et le monde d'idées où il choisira sa vérité. Il est (libre) et (seul) devant ce monde. Il est libre au point de pouvoir ne pas franchir cette distance, de ne pas effectuer le choix. Le scepticisme est une possibilité fondamentale de l'esprit occidental. Mais une fois la distance franchie et la vérité saisie, l'homme n'en réserve pas moins sa liberté. L'homme peut se ressaisir et revenir sur son choix. Dans l'affirmation couve déjà la négation future. Cette liberté constitue toute la dignité de la pensée, mais elle en recèle aussi le danger. Dans l'intervalle qui sépare l'homme et l'idée se glisse le mensonge.

La pensée devient jeu. L'homme se complaît dans sa liberté et ne se compromet définitivement avec aucune vérité. Il transforme son pouvoir de douter en un manque de conviction. Ne pas s'enchaîner à une vérité devient pour lui ne pas vouloir engager sa personne dans la création des valeurs spirituelles. La sincérité devenue impossible met fin à tout héroïsme. La civilisation est envahie par tout ce qui n'est pas authentique, par le succédané mis au service des intérêts et de la mode.

C'est à une société qui perd le contact vivant de son vrai idéal de liberté pour en accepter les formes dégénérées et qui, ne voyant pas ce que cet idéal exige d'effort, se réjouit surtout de ce qu'il apporte de commodité — c'est à une société dans un tel état que l'idéal germanique de l'homme apparaît comme une promesse de sincérité et d'authenticité. L'homme ne se trouve plus devant un monde d'idées où il peut choisir par une décision souveraine de sa libre rai-

31

son sa vérité à lui — il est d'ores et déjà lié avec certaines d'entre elles, comme il est lié de par sa naissance avec tous ceux qui sont de son sang. Il ne peut plus jouer avec l'idée, car sortie de son être concret, ancrée dans sa chair et dans son sang, elle en conserve le sérieux.

Enchaîné à son corps, l'homme se voit refuser le pouvoir d'échapper à soi-même. La vérité n'est plus pour lui la contemplation d'un spectacle étranger — elle consiste dans un drame dont l'homme est lui-même l'acteur. C'est sous le poids de toute son existence — qui comporte des données sur lesquelles il n'y a plus à revenir — que l'homme dira son oui ou son non.

Mais à quoi oblige cette sincérité ? Toute assimilation rationnelle ou communion mystique entre esprits qui ne s'appuie pas sur une communauté de sang, est suspecte. Et toutefois le nouveau type de vérité ne saurait renoncer à la nature formelle de la vérité et cesser d'être universel. La vérité a beau être *ma* vérité au plus fort sens de ce possessif — elle doit tendre à la création d'un monde nouveau. Zarathoustra ne se contente pas de sa transfiguration, il descend de sa montagne et apporte un évangile. Comment l'universalité est-elle compatible avec le racisme ? Il y aura là — et c'est dans la logique de l'inspiration première du racisme — une modification fondamentale de l'idée même de l'universalité. *Elle doit faire place à l'idée d'expansion,* car l'expansion d'une force présente une tout autre structure que la propagation d'une idée.

L'idée qui se propage, se détache essentiellement de son point de départ. Elle devient, malgré l'accent unique que lui communique son créateur, du patrimoine commun. Elle est foncièrement anonyme. Celui qui l'accepte devient son maître comme celui qui la propose. La propagation d'une idée crée ainsi une communauté de « maîtres » — c'est un processus d'égalisation. Convertir ou persuader, c'est se créer des pairs. L'universalité d'un ordre dans la société occidentale reflète toujours cette universalité de la vérité.

Mais la force est caractérisée par un autre type de propagation. Celui qui l'exerce ne s'en départ pas. La force ne se perd pas parmi ceux qui la subissent. Elle est attachée à la personnalité ou à la société qui l'exerce, elle les élargit en leur subordonnant le reste. Ici l'ordre universel ne s'établit pas comme corollaire d'expansion idéologique — il est cette expansion même qui constitue l'unité d'un monde de maîtres et d'esclaves. La volonté de puissance de Nietzsche que l'Allemagne moderne retrouve et glorifie n'est pas seulement un nouvel idéal, c'est un idéal qui apporte en même temps sa forme propre d'universalisation : la guerre, la conquête.

Mais nous rejoignons ici des vérités bien connues. Nous avons essayé de les rattacher à un principe fondamental. Peut-être avons-nous réussi à montrer que le racisme ne s'oppose pas seulement à tel ou tel point particulier de la culture chrétienne et libérale. Ce n'est pas tel ou tel dogme de démocratie, de parlementarisme, de régime dictatorial ou de politique religieuse qui est en cause. C'est l'humanité même de l'homme.

°). AT, 161

HUSSERL, HEIDEGGER, JEAN WAHL

II

SUR LES « IDEEN » DE M. E. HUSSERL

Le premier volume des *Ideen* de Husserl — le seul qui ait paru — est un livre d'introduction à la *phénoménologie*, nouvelle science qui dans la pensée de son auteur est philosophique par excellence, fondement des sciences de la nature et de l'esprit, de la logique, de la psychologie, de la théorie de connaissance, même de la métaphysique.

En nous proposant de reproduire les idées essentielles de ce livre qui a exercé et qui exerce encore une influence capitale sur la philosophie allemande, nous ne pouvons cependant pas prétendre à en épuiser les richesses. Ainsi d'une part, nous sommes obligés de laisser de côté ce qui en fait peut-être le plus grand intérêt, — une multitude d'*analyses phénoménologiques* concrètes — minutieuses et scrupuleuses — qu'on ne saurait résumer, car il faudrait les traduire en entier. D'autre part, nous nous bornons à mentionner les passages où il est question de problèmes comme celui de Dieu, de la constitution du *temps immanent* (cf. § 24)[1], du rapport de la *logique apophantique* à l'*ontologie formelle* (cf. § 26), de la possibilité des *vérités pratiques* et *esthétiques* (*cf.* § 27) et de leur rapport à la conscience théorique. Cette dernière se présente à la suite des analyses laborieuses comme forme universelle que tout acte de conscience peut revêtir. Toutes ces questions malgré la profondeur et la nouveauté avec lesquelles elles sont posées et traitées par M. Husserl, ne sont pas au centre de ses préoccupations dans les *Ideen*.

Pour le reste cependant, nous nous en tenons au plan général de l'auteur, et nous ne nous en éloignons que lorsqu'il s'agit d'introduire les notions qu'avaient élaborées les ouvrages antérieurs de Husserl[2]. Nous divisons notre exposé en quatre sections qui correspondent aux quatre sections du livre, mais nous les subdivisons à notre manière. Pour ne pas alourdir l'exposition, nous n'employons la terminologie — si peu habituelle en France — dont se sert M. Husserl que lorsque, pour échapper aux confusions, cela est inévitable. C'est dans le même but que nous faisons très peu de citations.

Afin de faire mieux comprendre l'esprit général du livre, nous tenons à souligner dès le commencement qu'il ne prétend pas et ne veut pas être un « système de philosophie ». Chaque page des *Ideen* cherche à montrer d'une part que les problèmes philosophiques peuvent être posés d'une nouvelle façon qui les rend susceptibles de solution ; mais de l'autre que cette solution ne peut se présenter que sous forme de travail positif, travail des générations, comme dans les sciences exactes[3]. Le livre des *Ideen* veut être une invitation au travail.

1. PLAN DU LIVRE. — Les quatre sections du livre étudient tour à tour :

I. Le sens et la valeur des sciences qui ont pour objet les essences *(Wesenswissenschaften)*, « sciences eidétiques[4] » ou « eidétiques » tout court, dans la terminologie husserlienne. Cette question d'ordre général concerne la phénoménologie en tant que cette dernière est, avant tout, science eidétique. Dans cette section sont élaborées les notions fondamentales employées dans la suite et il faut la résumer soigneusement.

II. L'objet *sui generis* de la phénoménologie.

III. Sa méthode spécifique.

IV. La position des problèmes centraux de la phénoménologie — problèmes de la raison et de la réalité — qui dans l'attitude phénoménologique se posent et trouvent leur solution d'une façon totalement nouvelle.

SECTION 1
Essence et connaissance des essences

2. LA NOTION D'ESSENCE. — La structure contingente qui est, *par essence*, le propre des objets individuels et des faits de la nature, révèle cependant un « style » nécessaire et constant. A côté de « types empiriques », de généralité purement inductive (comme lion, chaise, étoile), nous trouvons de véritables essences (Eidos, Wesen) qui appartiennent nécessairement aux objets individuels et qui, dans chaque domaine, sont la condition même de la possibilité de ces *types contingents*. La couleur, la matérialité, la perception, le souvenir, etc., peuvent servir d'exemples des essences. Mais l'essence de l'objet individuel n'est pas elle-même objet individuel. L'essence ou la structure nécessaire de l'objet se donne comme quelque chose d'idéal, de surtemporel, de sur-spatial.

Mais le terme d'*essence idéale* ne doit pas être compris dans le sens d'une métaphysique — platonicienne[5] ou autre, — car ni l'existence de l'objet individuel, ni celle de l'objet idéal, ni le rapport de ces deux existences n'est en question. Il faut nous placer ici dans l'attitude originale que Husserl a prise dans son premier ouvrage phénoménologique (*Logische Untersuchungen*[6]). Toute pensée *vise* quelque chose, et ce qu'elle vise — qu'il existe ou qu'il n'existe pas — est son objet. Mais cet objet, *envisagé en tant qu'objet*, en tant que *pure signification de notre pensée*, peut avoir des caractéristiques : nous pouvons parler de ses propriétés, de sa possibilité d'être prédicable, de sa manière de se donner comme « existant », « individuel », « idéal ». Parler ainsi d'existence, d'idéalité ou de réalité est au-delà de toute position métaphysique, de toute affirmation existentielle.

C'est dans cet ordre d'idées que nous parlons d'essence idéale et que nous la caractérisons comme suit : l'essence d'un objet est un ensemble de prédicats essentiels « qui doivent lui appartenir, pour que d'autres déterminations secondaires relatives puissent lui être attribuées[7] ». Dans le son, par exemple, nous pouvons varier la hauteur, sans que pour cela le son cesse d'être son. Et cependant, il serait absurde de pousser la variation jusqu'à refuser au son la « hauteur » en général, car un son ainsi modifié ne serait plus son. La hauteur appartient donc nécessairement à la structure du son, à son essence ; et celle-ci est présupposée par tous les autres prédicats contingents qui peuvent appartenir au son.

Les *Ideen* ne nous donnent pas d'analyses phénoménologiques concrètes de la méthode à suivre pour trouver les « essences » des choses ; il y manque aussi la distinction des « essences » et des « types de généralité purement inductive », par laquelle nous avons commencé ce paragraphe. Des publications prochaines de M. Husserl y apporteront des éclaircissements. Bornons-nous à quelques remarques. Pour arriver à l'essence de l'objet, nous partons de l'objet individuel (perçu ou imaginé). En faisant abstraction de son existence, nous le considérons comme purement imaginaire et nous en modifions *dans la fantaisie* différents attributs. Mais à travers toutes les modifications possibles d'un attribut passe quelque chose d'invariable, d'identique, base nécessaire de la variation elle-même. Et ce caractère invariable se donne comme quelque chose de général, précisément parce qu'il est un « moment » identique d'une série, *en principe infinie*, de variations imaginaires : il a une extension infinie dans les « possibles ». Saisir ces invariables dans les variations, c'est saisir les essences. Et la connaissance que nous pouvons en avoir est une intuition, comme le montre le paragraphe suivant.

3. L'INTUITION DES ESSENCES (WESENSCHAU, WESENSANSCHAUUNG). — L'intuition des essences est une des découvertes des *Logische Untersuchungen*[8]. Dans la perception de l'objet individuel, cet objet individuel lui-même peut remplir la fonction d'objet ; mais c'est aussi son essence que nous pouvons saisir en tant qu'objet. Dans le rouge concret de cette étoffe qui est devant moi — ou dans un rouge imaginé — par suite des variations que nous venons de décrire, s'intuitionne l'essence du rouge. Le rouge individuel perçu ou imaginé ne sert que d'exemple à ma perception de l'essence « rouge » — nouvel objet, d'un acte de connaissance nouveau, — *acte d'idéation*. Les vérités qui concernent ce nouvel objet — les vérités eidétiques — sont *par conséquent indépendantes de la facticité* de l'objet individuel et ne sont rien moins que des vérités d'induction. *Car la facticité de l'exemple ne joue pas ici le rôle de prémisse ;* pas plus que la facticité du triangle au tableau n'est la prémisse du raisonnement géométrique.

Mais si l'exemple individuel est indispensable en tant que base de l'idéation, la connaissance des essences n'en est pas moins une intuition. L'on retrouve en elle les mêmes propriétés qui caractérisent, en tant qu'intuition, l'intuition sensible. La connaissance des essences est « vision » de son objet qui n'est pas uniquement *signifié* ou *visé* (cf. § 30) mais *donné* avec évidence « clairement et distinctement ». Elle peut même avoir son objet de cette façon privilégiée qui est propre à la perception et où l'objet est non seulement vu « clairement et distinctement », mais donné « en personne » (selbstda), pour ainsi dire — « originairement donné », comme le dit M. Husserl. Seulement il *est dans la nature même* de l'essence d'avoir besoin d'exemples pour être saisie. Supposer qu'à un entendement divin les essences se donneraient « sans exemples », c'est supposer que pour un entendement divin un cercle puisse être carré.

4. La notion de vérité. — Non seulement les essences sont susceptibles d'intuition, mais aussi les formes catégoriales comme, par exemple, la forme synthétique qui lie le sujet et le prédicat du jugement. Il est vrai que l'*intuition intellectuelle* qui les saisit a besoin, de par sa nature, d'intuition sensible sur laquelle elle se fonde. Mais elle ne cesse pas pour cela d'être intuition, de la même façon que l'intuition des essences conserve ses caractères d'intuition malgré le « besoin d'exemples » qui est dans sa nature.

L'extension du concept de l'intuition à la sphère des essences et des formes catégoriales a permis à Husserl de voir dans l'intuition le moment essentiel de la connaissance vraie. Toute connaissance consiste dans la présence d'un objet devant la conscience et tout énoncé *vrai* concernant l'objet ne peut provenir que de la structure de l'objet lui-même, vue dans l'intuition. Cela concerne aussi bien l'objet individuel que l'essence. Nous disons avec vérité : « toute couleur est nécessairement étendue » car nous le voyons dans l'essence de la couleur, de même que la proposition « l'arbre est vert » se justifie par la perception sensible qui le constate.

Ainsi s'affirme en phénoménologie que la vérité dépend de son objet. Mais soulignons-le tout de suite : cela n'implique nullement une métaphysique réaliste ; la dépendance de la vérité par rapport à son objet signifie seulement qu'avant toute théorie sur l'existence ou la non-existence des objets toute pensée, de par son essence même, est orientée vers son objet qui seul peut fonder la vérité des intentions de la pensée. Le caractère nécessaire d'une vérité ne provient pas d'un je ne sais quel mécanisme de la pensée qui lui permet de lier tel sujet à tel prédicat, mais de la structure nécessaire de son objet. La démonstration déductive ne peut être qu'un mode de ramener une vérité à son origine intuitive.

Par cette vue le rationalisme et l'empirisme se trouvent, en quelque sorte, conciliés. La source de la connaissance est bien l'expérience, mais l'expérience au sens large du terme, comprise comme intuition et qui, à côté des faits empiriques sensibles, peut voir des essences et des catégories.

5. LE RAPPORT DES VÉRITÉS EIDÉTIQUES AUX VÉRITÉS INDIVIDUELLES ; LES ONTOLOGIES RÉGIONALES. — Les essences peuvent être plus ou moins générales. L'essence « chose matérielle » est plus générale que l'essence « chose blanche ». Les essences de généralité supérieure s'appellent *région*. D'autre part, l'essence spécifiée comme l'essence « chose blanche d'une nuance déterminée » par exemple, est encore quelque chose d'idéal et ne doit pas être confondue avec le fait empirique qui l'individualise.

Néanmoins, les faits empiriques peuvent être envisagés en tant que singularisations ou individuations des essences spécifiées. C'est pourquoi les lois eidétiques comme les lois géométriques, par exemple, valent aussi pour l'espace réel. Les faits, en tant qu'ils sont les individuations des essences, sont déterminés par les vérités eidétiques des régions respectives. Les sciences de faits dépendent donc des sciences eidétiques. Et ce sont ces sciences eidétiques qui rationalisent les sciences de faits. La physique moderne doit son développement à ce fait que l'essence « espace » qui fait partie de la région « chose matérielle » a fait depuis l'Antiquité l'objet d'une science eidétique développée. Mais elle n'épuise pas la région « chose matérielle » dont les autres essences constitutives doivent également fournir des eidétiques. D'autre part, des régions comme « société », « animalité », « culture », etc., doivent également devenir objets de sciences eidétiques qui contribueront au développement des sciences de faits correspondantes et leur conféreront une dignité scientifique. Une des fonctions de la phénoménologie, au sens husserlien du terme, sera d'être la science eidétique qui rationalisera la psychologie empirique.

Toutes ces *eidétiques régionales* qui ne sont pour le moment que des *desiderata*, Husserl les appelle *ontologies régionales*. Établir ces ontologies est un large champ de travail.

6. L'ONTOLOGIE FORMELLE. — Les sciences de faits dépendent des sciences eidétiques encore dans un autre sens : leur objet, indépendamment de sa matière, obéit aux lois de la science eidétique qui étudie « la forme d'objet en général ». Elles dépendent de la logique.

Sans distinction de leur matière, toutes les sciences obéissent à la science eidétique de la région « forme d'objet en général ». Des formes comme « objet », « relation », « ordre », « propriété », « synthèse prédicative », etc., se retrouvent dans les objets de toutes les régions et sont réglées par des lois eidétiques. L'étude des rapports eidétiques des formes fait l'objet de l'*ontologie formelle*.

L'ontologie formelle n'est au fond autre chose que « la logique pure comprise dans son entière extension jusqu'à la *mathesis universalis*[9] ». La logique pure est ainsi identifiée avec la *mathesis universalis* et comprise comme science des formes. C'est là un des résultats du premier volume des *Logische Untersuchungen*. La logique traditionnelle n'est, d'après cette conception, qu'une minime partie de la *mathesis universalis* : elle n'est qu'une *apophansis*, elle n'étudie que les formes pures des significations (Bedeutungen), faisant partie des assertions.

L'ensemble des vérités de l'« ontologie formelle » se ramène à un certain nombre d'axiomes. Les concepts constitutifs de ces axiomes, Husserl les appelle *catégories analytiques*.

7. LE GENRE ET LA FORME. — Cependant l'idée de forme, telle qu'elle se présente dans notre développement, doit être bien distinguée de l'idée du genre. Chaque région présente une structure hiérarchique de genre à espèce qui se termine d'un côté par le genre supérieur et de l'autre par la dernière différence. Mais la « forme d'objet en général » n'est pas le genre supérieur de toutes les régions, *elle est forme*. Remplir cette forme par un contenu matériel est une opération totalement différente de la spécification du genre. Le rapport de la forme « S est P » à la proposition physique « tous les corps sont pesants » est différent du rapport du genre « couleur » à l'espèce « rouge ». De même en mathématique « le passage de l'espace au concept de multiplicité euclidienne n'est pas une généralisation mais une formalisation[10] ».

Ainsi se présentent à nous trois concepts d'extension : *a)* extension eidétique — de l'essence générique dans les essences spécifiques ; *b)* extension mathématique — de la forme dans ses contenus matériels ; *c)* extension empirique — de l'essence — dernière différence — dans les objets qui l'individuent.

8. CONNAISSANCES ANALYTIQUES ET CONNAISSANCES SYNTHÉTIQUES. — Les ontologies régionales sont déterminées par l'*essence matérielle* de chaque région et non seulement par la « forme pure d'objet en général », commune à toutes. En tant que sciences procédant à l'aide de l'intuition eidétique, les « ontologies régionales » sont aprioriques, c'est-à-dire indépendantes de l'expérience empirique. Ainsi les ontologies régionales présentent un type de connaissance qu'on pourrait appeler synthétique *a priori*, à la différence de la connaissance *analytique*, qui, en vertu des lois de l'ontologie formelle, conclut *vi formae*. Dans cet ordre d'idées, les catégories synthétiques que nous pouvons opposer aux catégories analytiques (cf. § 6), ne peuvent être que les concepts

fondamentaux des axiomes auxquels se ramènent les ontologies régionales. Le nombre de catégories sera donc infiniment plus grand que Kant ne le croyait. Il y aura autant de groupes de catégories qu'il y a de régions.

Le champ des connaissances synthétiques *a priori* se trouve donc extrêmement étendu grâce à la nouvelle conception de la connaissance apriorique où cette dernière est identifiée avec l'intuition des essences matérielles et formelles. C'était à l'idée de cet « *a priori* matériel » qui est possible, bien entendu, dans le domaine des *essences pures* et non dans celui des *types généraux* (cf. § 2), et à la possibilité des « ontologies » qui en découlait, que les premiers disciples de Husserl — de l'époque des *Logische Untersuchungen* — se sont surtout attachés. Tout en suivant Husserl — à quelques réserves près — dans sa conception de la phénoménologie, leurs travaux dans la revue de Husserl ne sont que des « ontologies régionales » explorant différentes régions d'objets. La phénoménologie telle que Husserl la veut est autre chose. Il faut qu'elle soit un fondement absolument certain de toutes les sciences. Or les « ontologies », quoique autrement rationnelles que les sciences de faits, ont besoin d'un fondement, comme nous allons le montrer.

9. REMARQUES CRITIQUES CONTRE LE NATURALISME QUI NIE LES ESSENCES. — Les points que nous venons de relever sont déjà eux-mêmes résultats d'intuition. Le « naturalisme » qui les conteste et qui s'élève avant tout contre l'objectivité des essences a été longuement critiqué dans les *Logische Untersuchungen*[11]. Les *Ideen* reproduisent les points principaux de cette critique.

Tout d'abord, le naturalisme, parti d'une intention juste qui consiste à ne se fier qu'à l'expérience, a trahi ce principe positiviste en identifiant dogmatiquement « expérience » et « expérience sensible ». C'est un dogmatisme auquel s'oppose le positivisme vrai, faisant usage avant toute théorie, du principe intuitiviste, de l'expérience au sens large du terme (cf. § 4). Faire de l'intuition, interroger les choses elles-mêmes c'est le seul moyen de *commencer* sans présuppositions, d'arriver aux *principes*.

Tout scepticisme est absurde car il se réfute lui-même[12]. Or la négation des essences et, par conséquent, des vérités générales mène au scepticisme. Car l'expérience sensible, seule source de vérité dans l'hypothèse naturaliste, ne pourra jamais garantir le caractère général des vérités qu'elle établit, puisque les principes de l'expérience sensible, les principes d'induction eux-mêmes ne sauraient être proclamés absolument certains.

D'autre part le naturalisme se trompe lorsqu'il croit rendre compte de l'essence par une théorie psychologiste qui consiste à voir dans l'essence une espèce de fait psychologique individuel ; ce serait, en effet, confondre l'*acte* de connaissance et l'*objet* de connaissance[13]. L'acte de connaissance, l'acte de compter, par exemple, est bien quelque chose de psychologique et de temporel, mais l'objet de connaissance, le nombre est quelque chose d'idéal et de transcendant à l'acte. C'est cette même distinction qui nous laisse comprendre pourquoi l'essence, tout en étant le produit de notre spontanéité s'exerçant sur du donné empirique, n'est pas une fiction créée par nous. Car c'est l'acte qui est le produit de notre spontanéité et non pas l'essence, susceptible qu'elle est de connaissance vraie et fausse, dans la pensée géométrique, par exemple.

Les droits de l'intuition eidétique à côté de l'intuition individuelle se trouvent justifiés. L'intuition eidétique (pour le monde des essences), comme l'intuition individuelle (pour le monde des faits) nous donne ses objets avec évidence. L'intuition est la source première de tout droit de la connaissance à la vérité, le « principe des principes[14] ».

10. Passage à la phénoménologie au sens hus-serlien du terme[15]. — C'est bien cette méthode intuitive que la science suit effectivement, en faisant usage de l'intuition eidétique (en mathématique) comme de l'intuition individuelle. Ce n'est qu'en réfléchissant sur ses procédés que le savant est naturaliste et, par conséquent, sceptique (cf. § 9). Ce n'est pas la nature de ses objets mais *leur manière d'être donnés et d'exister* pour la conscience qu'il interprète mal. Pour dépasser, par conséquent, définitivement ces mauvaises interprétations et le scepticisme qui s'ensuit — *la manière dont l'objet se donne à la conscience, le sens de son objectivité doivent eux-mêmes devenir objets des recherches intuitives.* Mais pour cela, le regard intuitif doit se tourner vers la conscience à laquelle les objets se donnent et voir ainsi à la source même ce que signifie « se donner à la conscience ». La phénoménologie au sens husserlien du terme ne fera que cela.

Les « ontologies régionales », dirigées qu'elles sont sur leurs objets, n'ont pas la conscience pour thème et ne peuvent pas par leurs propres forces opposer des intuitions certaines au scepticisme nourri par un dogmatisme empiriste. C'est pourquoi M. Husserl caractérise l'attitude des ontologies eidétiques, aussi bien que celle des sciences de faits, comme naïve et dogmatique : sans se tromper sur les propositions que ces sciences établissent — le *sens de l'objectivité* de ces propositions leur échappe ; elles voient ce qui se donne, mais ne voient pas comment, en tant que donné, le donné se donne.

La nouvelle science qui s'impose aura pour thème la conscience où les objets sont donnés et pourra seule déterminer le sens de leur objectivité et de leur connaissance. Ainsi, avant tout, le scepticisme sera dépassé. Mais la solution des problèmes qui se posent à la phénoménologie en tant qu'elle est le fondement des sciences et éclaircissement de leur sens est en même temps la solution du grand problème philosophique qui concerne le sens de la transcendance à laquelle prétendent les objets par rapport à la conscience.

Cette nouvelle direction d'études est philosophique par excellence. L'on remonte en elle aux sources mêmes de toute existence pour la conscience, on étudie le mode dont les choses se manifestent — l'on étudie ce que toutes les autres sciences présupposent sans l'éclaircir.

Mais il y a plus : se demander ce que signifie que les objets se donnent *à la conscience*, ce que signifie leur transcendance ou leur objectivité *pour la conscience*, c'est se demander en même temps la signification de l'existence des choses tout court. Car l'existence dont on peut raisonnablement parler ne peut être que l'existence qui se révèle à la conscience, et qu'il s'agit seulement de saisir dans la conscience exactement dans ses modes de se révéler. Supposer que les choses en soi existent autrement qu'elles ne se révèlent, c'est méconnaître le caractère d'« en soi » qu'ont les choses données à la conscience et s'imaginer qu'elles se donnent en tant qu'images ou signes d'un autre monde. Notre connaissance se dirige sur les choses *données*, son intention consiste à les saisir *elles*, ce sont les choses données que nous posons comme existantes, mais dont l'existence n'est jamais thème de l'attitude naïve et scientifique. Notre seul problème ne peut consister qu'à éclaircir le sens de leur existence. Nous devons la prendre exactement pour ce qu'elle se donne à la conscience (cf. § 26).

SECTION II
Considérations phénoménologiques fondamentales

11. REMARQUES PRÉLIMINAIRES. — Nous venons de montrer qu'il faut détourner notre regard intuitif des choses et des sciences, pour le fixer sur la conscience qui pense les choses et qui fait les sciences. Nous

avons aussi montré le but philosophique d'un pareil changement d'attitude. Mais, en cherchant maintenant à déterminer dans quel sens la conscience va devenir notre objet, nous devons avoir présent à l'esprit que l'une des préoccupations dont nous sommes partis consistait à dépasser le scepticisme. Il nous faudra donc dans notre passage à la phénoménologie choisir d'entre les voies qui y conduisent celle où le caractère absolu de la nouvelle science, sa résistance absolue à tout scepticisme reste continuellement en lumière.

12. ATTITUDE NATURELLE ET ATTITUDE PHÉNOMÉNOLOGIQUE. — L'attitude naturelle dans laquelle nous vivons et où nous restons en faisant les sciences ne connaît pas la question du sens de la connaissance et de la transcendance. Dans cette attitude nous trouvons un monde *existant* devant nous auquel nous appartenons avec les autres hommes, avec toute la nature animée. Dans chacun de nos actes ayant le monde pour objet son existence est impliquée. *L'existence du monde est la thèse générale qui caractérise l'attitude naturelle.*

Mais cette attitude doit être radicalement changée. D'une part le sens de cette *thèse existentielle* que l'attitude naturelle présuppose naïvement — le sens de l'existence — doit être éclairci. D'autre part il nous faut dépasser le scepticisme qui est possible précisément parce que le sens de cette thèse est obscur.

Ces deux préoccupations déterminent une attitude nouvelle. Elle a quelque chose du doute cartésien sans coïncider avec lui totalement. Nous ne vivons plus dans la thèse existentielle qui n'est pas absolument certaine — mais nous ne la rejetons pas, nous ne passons pas à son antithèse. Nous faisons de cette thèse elle-même l'objet de notre recherche. Ainsi la thèse susceptible de doute est « mise hors d'action » (ausser Action gesetzt), « exclue » (ausgeschaltet), « mise entre parenthèses » (eingeklammert) — mais ne disparaît pas totalement : sans vivre en elle, nous pouvons parler d'elle et de ses propriétés. Cette attitude, Husserl l'appelle ἐποχή *phénoménologique*.

L'ἐποχή phénoménologique s'applique à toutes les positions existentielles de l'attitude naturelle : les jugements scientifiques, esthétiques, moraux, etc., sont mis entre parenthèses, nous nous interdisons de vivre en eux. Mais nous ne cessons pas de les considérer : sans prendre parti pour ou contre leur valeur, *sans vivre* en eux, comme nous le faisions dans l'attitude naturelle, nous considérons dans son aspect concret *cette vie* elle-même, cette conscience qui pose toutes ces propositions. Nous considérons aussi ces propositions en tant que posées par la conscience et *exactement dans le mode dont elles sont posées par la conscience, dont elles sont présentes et données en elle*. Envisagées de ce côté, ces propositions ne sont plus ce qu'elles étaient dans l'attitude naturelle, elles sont « phénoménologiquement réduites ». L'ἐποχή phénoménologique s'appelle aussi « réduction phénoménologique ».

Ainsi l'ἐποχή qui nous interdit toute thèse existentielle sur le monde nous présente la conscience positionnelle elle-même comme objet des recherches.

Mais avons-nous par là répondu aussi à notre deuxième préoccupation de résister dans nos recherches à tout scepticisme ? La conscience elle-même ne fait-elle pas partie du monde existant ? L'ἐποχή ne doit-elle pas « mettre entre parenthèses » toute affirmation ayant la conscience pour objet ? Et, par conséquent, ne rend-elle pas impossible toute phénoménologie comprise comme science indubitable de la conscience ? Les pages qui suivent vont y répondre.

13. L'ESSENCE DE LA CONSCIENCE ; L'INTENTIONALITÉ. — Une étude de la nature de la conscience nous montrera que considérée d'un certain côté, la conscience résiste à l'ἐποχή, comme champ de certitude absolue.

Sous le titre de conscience M. Husserl embrasse la

sphère du « cogito » dans le sens cartésien du terme : je pense, j'entends, je conçois, je nie, je veux, je ne veux pas, j'imagine, je sens, etc. Le caractère qui appartient nécessairement à toute la sphère de la conscience — *actuelle* (attentive) et *potentielle* (sphère qui embrasse la totalité des *actes possibles* de la conscience et sans laquelle la conscience actuelle serait impensable) — c'est d'être toujours « conscience de quelque chose » : toute perception est perception du « perçu », tout désir est désir du « désiré », etc. Cette propriété fondamentale de la conscience, Husserl l'appelle *intentionalité*.

Mais l'intentionalité — et cela doit être bien compris — n'est pas un lien entre deux états psychologiques dont l'un serait l'acte et l'autre l'objet, ni un lien entre la conscience d'une part et l'objet réel de l'autre. La grande originalité de M. Husserl consiste à voir que le « rapport à l'objet » n'est pas quelque chose qui s'intercale entre la conscience et l'objet, mais que « le rapport à l'objet » c'est la conscience elle-même. *C'est le rapport à l'objet qui est le phénomène primitif et non pas un sujet et un objet qui devraient arriver l'un vers l'autre.*

Cette vue — disons-le tout de suite — laisse entrevoir la fausseté de la position traditionnelle du problème de la connaissance. Car le fait que le sujet arrive à l'objet ne peut pas être un problème. Ce qui devient le *thème de la théorie de connaissance, c'est l'étude concrète de différentes structures de ce phénomène primitif qu'est le « rapport à l'objet » ou intentionalité.* Cette étude, comme nous le verrons plus tard, est le problème principal de la phénoménologie.

Mais il ne s'agit pas de cela pour le moment : il nous faut voir l'essence de la conscience en tant qu'elle résiste au doute par opposition au monde de ses objets. Comment peut-on la distinguer de l'objet sur lequel elle se dirige ? Et, pour le cas particulier du monde, dirigée sur lui comme objet, liée avec lui chez les êtres animés, en est-elle vraiment distincte ?

14. LA CONSCIENCE ET LE MONDE DE LA PERCEP-
TION. — A en croire la philosophie des qualités premières et secondes, il faudrait identifier les qualités
secondes (et depuis Berkeley aussi les qualités premières) avec le contenu de la conscience, sorte de
boîte où ces qualités qui appartiennent en même
temps au monde, seraient enfermées. — Cependant
une analyse précise nous montre que la qualité se
trouve déjà sur un plan différent par rapport à la
conscience : une qualité identique, en effet, peut se
donner dans un courant changeant de perceptions.
« La même couleur, dit M. Husserl, apparaît dans
une multiplicité continue de reflets de couleur (Abschattungen)[16]. » Le rouge et la perception du rouge
sont deux[17]. Ce qui appartient au contenu réel de la
conscience ce sont ces « *Abschattungen* » *ou sensations ;* une *intention les anime* et leur prête une fonction représentative. Mais ces sensations sont des
moments de la vie et non pas de l'espace ; elles ne
sont donc pas des qualités de l'objet encore non
objectivées, comme le croyaient les sensualistes. La
qualité objective ne fait pas partie de la conscience,
n'est pas emboîtée en elle ; elle est déjà transcendante par rapport à la conscience. La nature de la
conscience se présente ainsi comme totalement différente du monde de la perception — ensemble des
qualités premières et secondes — qui est son objet.

15. LA PERCEPTION IMMANENTE ET LA PERCEPTION
TRANSCENDANTE. — Cependant la conscience — *sensations et intentions* — peut devenir elle-même objet
de perception, de souvenir, d'imagination, etc. Ces
actes sont alors des actes de *réflexion*. Mais si dans
les actes de réflexion l'objet est à distinguer de l'acte,
la transcendance de l'objet par rapport à l'acte
réflexif est d'un autre caractère que la transcendance
de l'objet spatial par rapport à sa perception. L'objet
de la réflexion *(perception immanente)* peut lui-
même appartenir au courant de la conscience, tan-

dis que cela est *par essence* impossible à l'objet spatial. Nous l'appelons pour cela objet *transcendant*, et la perception qui le saisit *perception transcendante*.

Une remarque de première importance suit de ces lois eidétiques : il est absurde de supposer que notre perception transcendante, parce qu'elle est transcendante, n'atteint pas la chose en soi et qu'une intelligence parfaite la percevrait dans un acte immanent. Cela est absurde, car ce serait supposer que la chose transcendante puisse être donnée d'une façon immanente. Autre point décisif que nous avons déjà relevé (cf. § 10) : le monde des choses ne se donne pas avec le caractère d'image ou de symbole d'un autre monde, mais toujours avec le caractère d'« en soi ». *C'est bien lui tel qu'il se donne dans la perception qui est l'objet de notre connaissance*[18].

16. ÉTUDE COMPARATIVE DE LA PERCEPTION IMMANENTE ET TRANSCENDANTE. — L'objet transcendant se donne *par essence* d'une façon inadéquate : nous ne pouvons pas, par un seul acte, saisir tous les côtés de la table ; il y faut une série continue de regards, série qui *par essence* est infinie. L'objet transcendant se donne d'autre part comme quelque chose de relatif : il n'a que des aspects sans qu'on puisse dire — si ce n'est par convention — ce qu'il est en soi. Un son de violon, par exemple, dépend de l'endroit de la salle où je l'entends, mais tous ses « aspects » qui se révèlent à moi ont le même droit de s'appeler « le son tel qu'il est en soi. »

L'objet immanent, par contre, se donne d'une façon adéquate et comme quelque chose qui ne se révèle pas dans une série d'aspects mais qui se donne comme absolu.

D'autre part, l'*objet immanent* se donne comme ayant existé déjà avant la réflexion, comme ayant une existence indépendamment de la réflexion. Le sens de l'existence de l'*objet transcendant* consiste, par contre, dans le fait qu'il est *objet d'une conscience* actuelle ou qu'il appartient à ses possibilités les plus immédiates. Et si, par ailleurs, nous parlons de l'existence des objets transcendants qui ne sont objets ni de conscience actuelle, ni de conscience immédiatement possible c'est que dans des perceptions actuelles ou potentielles leur perceptibilité est *motivée*.

17. L'EXISTENCE ABSOLUE DE LA CONSCIENCE, L'EXISTENCE IDÉALE DU MONDE. — Il suit des analyses précédentes que :

1° Pour l'objet transcendant (ou le monde) le sens de l'existence est épuisé par le fait d'être susceptible d'une perception actuelle, potentielle ou motivée. L'existence de l'objet transcendant est toujours relative à une conscience (voir plus haut l'exemple du « son »), son « esse » est toujours un « percipi » (proposition qui ne doit pas être comprise dans le sens berkeleyen, puisque le « esse » n'est pas emboîté dans le « percipi » mais le transcende) et suppose donc une conscience. La conscience, par contre, se donne comme existante indépendamment de la réflexion qui la perçoit, comme existante par sa propre nature : « nulla re indiget ad existendum ». C'est ainsi que M. Husserl reprend le cogito cartésien qu'il considère comme point de départ nécessaire de toute philosophie.

2° Mais non seulement l'existence de l'objet transcendant s'épuise en son existence pour une conscience — cette existence elle-même se présente comme contingente. Puisque l'objet transcendant n'est jamais donné d'une façon adéquate, mais toujours relativement à une série d'« aspects » qui se découvrent successivement, son « existence pour la conscience » elle-même peut à chaque moment apparaître comme illusoire : la suite des perceptions peut *en principe* renier les perceptions précédentes. La conscience seule est donnée d'une façon adéquate et absolue, indépendamment d'une continuité d'aspects.

Ces résultats sont d'une grande importance pour

notre préoccupation initiale (cf. § 12). Si la position de l'existence du monde est toujours susceptible de doute, la position de l'existence de la conscience résiste à tout doute. *La conscience se présente donc comme résidu qui résiste à l'ἐποχή phénoménologique* et toute vérité qui la concerne est absolument certaine. Il nous reste pour éviter tout malentendu encore les développements suivants.

18. LA CONSCIENCE PSYCHOLOGIQUE ET LA CONSCIENCE ABSOLUE. — Nos analyses nous ont montré que l'être comme conscience a un sens totalement différent de l'être comme nature et que non seulement la conscience ne dépend pas de la nature, comme le voudrait le naturalisme, mais que bien plus c'est l'être de la nature qui dépend de l'être de la conscience — sans que la dépendance ait un sens mythologique. Mais dans ces conditions, comment comprendre la conscience qui dans la nature animée et dans l'homme se présente comme faisant partie de la nature ?

C'est que la conscience — être absolu — peut s'apercevoir elle-même dans un acte d'aperception spéciale en rapport avec la nature. Comme objet de cette aperception, — sans perdre quoi que ce soit de son essence — elle est cependant aperçue comme modifiée, comme liée à la nature et participe ainsi à la transcendance de cette dernière. La conscience dont il s'agit dans l'évidence absolue du « cogito » n'est pas cette conscience dans la nature, car toute nature est *par essence* susceptible de doute. *Cette conscience partie de la nature est objet d'une science naturelle,* de la psychologie.

La conscience qu'étudie la phénoménologie n'est donc pas identique avec celle de la psychologie. C'est la *conscience absolue ou la conscience pure transcendantale.* Par là la différence de ces deux attitudes est éclaircie. La réflexion sur la conscience dont se sert la phénoménologie n'est pas réflexion psychologique tout court, car elle ne se dirige pas sur la nature mais sur la conscience absolue, indépendante de la nature *et à laquelle toute nature est donnée.*

La distinction de la conscience psychologique et phénoménologique est fondamentale chez M. Husserl. Elle permet de dépasser tout naturalisme, car la conscience qu'étudie le phénoménologue ne fait pas partie de la nature. Mais l'originalité de cette conception consiste encore en ce que ce n'est pas une conscience abstraite — l'idée de conscience — qu'elle oppose à la conscience psychologique, à la manière des sciences qui délimitent leurs domaines à l'aide des abstractions — ni un « Moi absolu » de Fichte — mais une conscience individuelle que chacun de nous retrouve en lui-même dans le « cogito » et à laquelle la conscience psychologique elle-même doit son existence. C'était, d'après M. Husserl, la grande erreur de Descartes que d'avoir identifié dès le commencement des *Méditations*[19] — œuvre qui d'après M. Husserl inaugure la philosophie moderne et dont la phénoménologie n'est qu'un épanouissement — l'« ego » donné dans une intuition certaine avec l'« animus » qui fait partie de la nature.

19. LES RÉDUCTIONS SUCCESSIVES. — En étudiant la conscience pure absolue, objet de la phénoménologie, nous excluons naturellement toutes les propositions qui ont la nature pour objet (sciences naturelles), mais nous ne ferons pas non plus usage de la logique ni de l'ontologie formelle, car notre nouvelle science *quoique eidétique, sera purement descriptive* et ne fera pas usage de la déduction. Quant aux axiomes logiques, auxquels tout objet en tant qu'objet doit obéir (par exemple la loi de contradiction), nous les intuitionnerons directement dans chaque objet de notre étude. Ensuite, nous excluons toute affirmation concernant Dieu — principe de finalité et objet de l'expérience religieuse — et laissons de côté la question du « moi pur », moment qui appartient nécessairement à tout acte de la conscience. Enfin, nous nous passerons aussi

d'« ontologies régionales » dont le sens véritable ne pourra être éclairci avant l'étude de l'essence de la conscience pure — objet de la phénoménologie.

20. Phénoménologie — prima philosophia. — La phénoménologie se présente à la suite de ces réflexions comme science indépendante de toute prémisse étrangère, science absolument certaine et qui fournira la critique et le fondement de toutes les autres sciences. Ces dernières, exercées dans l'attitude naturelle, dirigées exclusivement sur leurs objets, ne peuvent jamais se poser la question critique du sens de la connaissance, de la structure de l'intentionalité et, par conséquent, du sens de l'objectivité dans chaque région d'objets. D'une part, par son indépendance de toute autre science, d'autre part, par le caractère principiel de ses problèmes, la phénoménologie doit réaliser, d'après M. Husserl, l'idéal de la prima philosophia.

SECTION III
La méthode et les problèmes de la phénoménologie pure

21. La phénoménologie science intuitive. — La phénoménologie procède par intuitions. Mais l'intuition admet des degrés de clarté — son objet peut apparaître avec une caractéristique interne d'« éloigné » ou de « proche ». En fixant dans une terminologie univoque les objets que le champ de la conscience pure nous présente, nous le faisons dans une intuition de clarté absolue et où l'objet nous est donné dans une « proximité » absolue.

Mais la phénoménologie n'est pas une science des faits de la conscience pure. Elle veut étudier son essence. Aussi l'intuition dont elle se sert n'est pas individuelle mais eidétique (cf. § 3) : en partant des « états de conscience » (Erlebnisse) individuels, elle saisit en eux comme dans un exemple, leur essence. Les « Erlebnis » qui servent d'exemples, ne doivent pas nécessairement être donnés dans une intuition perceptive (originaire). Les « Erlebnis » purement imaginés peuvent aussi bien que les Erlebnis dans la perception servir de base à l'idéation. Cette remarque est d'une grande importance méthodologique. Car par là le phénoménologue gagne plus de liberté et n'est pas lié dans ses recherches à la perception. Et elle montre une fois de plus que les sciences eidétiques n'ont pas la perception individuelle pour prémisse. « La fiction, dit paradoxalement M. Husserl, est l'élément vital de la phénoménologie comme de toute science eidétique[20]. »

22. LA POSSIBILITÉ D'UNE EIDÉTIQUE DESCRIPTIVE. — La phénoménologie est une science eidétique descriptive. Cependant dans les eidétiques que nous possédons — géométrie, logique — il n'est pas question de description. Ces sciences, par exemple la géométrie, fixent quelques essences premières qui entrent dans les axiomes fondamentaux et déduisent à partir de ces essences toutes celles qui appartiennent au même domaine. Les domaines, comme l'espace, qui se prêtent par essence à une pareille détermination à partir d'un nombre fini d'axiomes sont appelés par M. Husserl *multiplicité définie ou mathématique*. Or une caractéristique essentielle d'une multiplicité mathématique est d'admettre la formation des *concepts exacts*. Les concepts exacts dans une science ne dépendent pas seulement de l'art logique du savant mais de l'essence du domaine d'études lui-même. Ces concepts sont possibles dans une « multiplicité définie » et se forment par le procédé d'*idéalisation* qu'il faut distinguer du procédé d'*idéation* dont il était question au commencement de cet exposé. *Idéaliser* ne consiste pas à saisir tout simplement l'essence de la chose individuelle, concrètement donnée dans la perception — mais bien davantage — saisir le degré limite de son

essence — comme dans l'espace concret on saisit les idées géométriques. Un concept ainsi élaboré est une « idée dans le sens kantien du terme » qu'il faut distinguer de l'essence telle que nous l'avons considérée jusqu'à présent, « idée dans le sens platonicien du terme ». Les choses individuelles peuvent se rapprocher de l'idée kantienne mais ne la réalisent jamais.

Les sciences eidétiques que connaissait la philosophie traditionnelle avaient pour objet des « multiplicités mathématiques » et avaient affaire aux concepts exacts, résultats d'idéalisation. C'est pourquoi la philosophie traditionnelle identifiait science apriorique et science déductive. Or les analyses de notre première section nous avaient montré que science apriorique signifie science indépendante de toute facticité et procédant par intuition eidétique. La déduction n'est donc pas le caractère nécessaire d'une science apriorique et les « concepts exacts » ne sont pas les seuls scientifiques.

La grande découverte de M. Husserl était l'existence des « concepts » inexacts auxquels on arrive non pas par l'idéalisation mais par l'idéation[21]. Ainsi par exemple, en étudiant l'essence d'un « état de conscience » (Erlebnis), l'idéation part d'un « Erlebnis » individuel et, en en laissant tomber l'individualité, l'élève à l'essence dans tout son aspect concret et dans tout le vague qui lui appartient essentiellement. La phénoménologie ne peut pas consister à déduire l'essence de tel ou tel état de conscience à partir de quelque axiome, mais à décrire sa structure nécessaire. Et, comme notre description est dirigée par une intuition eidétique, nous réalisons une eidétique, tout en faisant de la description.

23. LA RÉFLEXION. — Pour être sûr du caractère indubitable de la phénoménologie, quelques remarques s'imposent au sujet de l'acte par lequel la conscience pure est étudiée : la réflexion (dans le sens du § 18).

Les « états de conscience » (Erlebnisse) sont vécus par le « moi », mais ne deviennent ses objets que dans la réflexion.

Cependant sous l'œil de la réflexion la vie consciente se modifie : notre colère saisie par la réflexion n'a plus la vivacité qu'elle avait avant la réflexion. D'autre part, la vie consciente s'écoule continuellement dans le temps, et la réflexion ne saurait la saisir si ce n'est par des actes de *protention*, en attendant venir les moments de la durée — et par des actes de « rétention » — en retenant, pour ainsi dire, ceux qui viennent de s'écouler. Mais les uns et les autres se présentent à la conscience comme modifiés : avec la forme de « passés » ou de « futurs ».

Ces modifications, qui *forment par elles-mêmes un large champ d'études,* n'empêchent pas cependant que l'état de conscience modifié par la réflexion se donne précisément en tant que tel ; et ainsi *la réflexion saisit la conscience dans sa forme non modifiée à travers les modifications.*

Cette possibilité de saisir l'état de conscience tel qu'il était en réalité avant la réflexion et indépendamment des modifications temporelles, — possibilité si essentielle à la prétention de la phénoménologie à saisir la conscience telle qu'elle existe réellement — ne peut pas être niée. Une négation serait en effet absurde, car elle supposerait ce qu'elle nie. Dire qu'on doute de la réflexion c'est supposer que la réflexion nous donne au moins ce doute lui-même. D'autre part, lorsqu'on dit que les états de conscience sont modifiés par la réflexion, on présuppose connus les états non modifiés, car autrement on ne pourrait même pas soupçonner la modification ni, d'ailleurs, la possibilité de la réflexion elle-même.

La possibilité pour chaque état de conscience d'être donné à la réflexion tel qu'il est, est une *nécessité* d'essence. La réflexion est le seul moyen de connaître la conscience et il serait absurde de considérer les modifications qu'elle impose, par essence, à son objet comme des défauts d'une constitution psychologique donnée.

24. LA PHÉNOMÉNOLOGIE SUBJECTIVEMENT ORIENTÉE. — Les développements qui précèdent justifient la phénoménologie en tant que science eidétique descriptive de la conscience pure ayant pour méthode la réflexion.

La conscience pure peut cependant être envisagée de différentes façons. Notre préoccupation initiale consistait à l'étudier en tant que rapport à l'objet, en tant qu'intentionalité. Tel est le thème des recherches infinies de la *phénoménologie objectivement orientée* et sur laquelle est concentré le principal intérêt du premier volume des *Ideen*.

Cependant la conscience présente encore un autre aspect en tant qu'elle appartient toujours à un « moi » d'où les actes sortent, pour ainsi dire ; en tant qu'elle remplit une durée, en tant qu'on trouve en elle des éléments comme les sensations, éléments en quelque façon matériels, « hylétiques » dans la terminologie husserlienne. Cette « couche hylétique » n'est pas uniquement le propre de la perception, mais se retrouve dans tous les domaines de la vie consciente. Tout cela est objet de longues recherches de la *phénoménologie subjectivement orientée*. Le rapport du « moi » à la conscience qui remplit le temps, surtout le problème du moi comme personnalité, la constitution du temps-durée différent du temps cosmique et dont les moments s'entrepénètrent dans un rapport *sui generis* d'intentionalité[22], tous ces problèmes et recherches, indiqués déjà dans les *Ideen*, ont fait l'objet des ouvrages que M. Husserl n'a pas encore publiés mais qui, accessibles en manuscrit à ses collaborateurs et élèves, avaient ainsi, avant leur publication, exercé la plus puissante influence[23].

25. LA PHÉNOMÉNOLOGIE OBJECTIVEMENT ORIENTÉE. — Mais notre grand intérêt s'attache à la

conscience en tant qu'elle est « rapport à un objet » ou intentionalité. Nous avons déjà souligné (cf. § 13) que l'intentionalité ne doit pas être comprise comme pont entre la conscience et l'objet, mais que c'est bien plutôt ce rapport à l'objet lui-même qui est le phénomène primitif. Mais l'intention, le rapport de la conscience à l'objet n'est pas un regard vide sur l'objet qui aurait seul la fonction de le donner et auquel s'ajouteraient après coup des moments purement qualitatifs et subjectifs de joie, de désir, de jugement, etc. Par conséquent, pour étudier comment l'objet est donné à la conscience, il ne suffit pas d'étudier ce « regard vide », cette intention commune à toute la conscience. *La joie, le désir, le jugement, etc., sont eux-mêmes des intentions : dans chacune d'elles l'objet est différemment donné,* le rapport à l'objet lui-même est différent. Et si, comme M. Husserl le croit, l'acte de pure représentation est le fondement nécessaire des actes de joie, de valorisation, de volonté, etc., cela veut dire que ces actes sont complexes, qu'ils se composent d'une multiplicité d'intentions liées entre elles. Mais chacune de ces intentions et non seulement l'acte de représentation, a la fonction de donner l'objet. C'est précisément pour cela que le problème de la connaissance — l'étude du rapport à l'objet — présente un champ infini de recherches ; sans nous borner à l'indication générale du sens de l'intentionalité, nous devons étudier pour chaque genre d'intention le mode spécial dont la conscience possède son objet et, par conséquent, le sens de l'objectivité de l'objet dans chacun d'entre eux. D'autre part, chaque catégorie d'objets se donne dans un type déterminé d'actes, dans une complexité d'intentions d'une structure nécessaire : pour chaque catégorie d'objets transcendants se pose donc la question de *leur constitution pour la conscience pure transcendantale.*

Ces problèmes constitutionnels « consistent à étudier comment les données sensibles (hylétiques) sont animées d'intentions, comment ces intentions se lient pour donner à la conscience un objet — un et identique, — comment se caractérisent et se lient les actes lorsque l'objet constitué par eux se donne comme *existant*, comme connu avec *raison*, quels sont les actes qui le donnent comme pure apparence. C'est ainsi que la phénoménologie objectivement orientée se trouvera étudier avec les problèmes constitutionnels, le sens de « raison », d'« apparence », d'« existence » pour chaque région d'objets et pour chaque science de l'attitude naturelle. Elle réalisera donc ce qui au commencement de notre travail (cf. § 10) s'est présenté comme la tâche de la philosophie.

Mais cette science qui étudiera l'essence nécessaire des différentes structures de la connaissance en sera en même temps la critique, car elle étudiera, comme nous venons de le dire, le sens et les lois eidétiques de toute connaissance valable (voir dernière section), qui sont en même temps les normes de toute connaissance qui prétend à la vérité.

La théorie et la critique de la connaissance, dans le sens husserlien du terme, se demande avec toute la tradition philosophique : « Comment la pensée atteint l'objet qui lui est transcendant ? » — mais le problème consiste pour elle non pas dans le fait que la pensée se transcende — *car pensée et pensée qui se transcende sont synonymes* — mais dans l'éclaircissement de la structure nécessaire de chaque acte de la pensée qui se transcende et atteint son objet. L'existence et la transcendance de l'objet n'est pas métaphysiquement présupposée, comme dans la position traditionnelle du problème, mais, avant toute métaphysique, le sens même de cette existence et de cette transcendance devient l'objet de l'étude.

L'infinité des problèmes qui s'ouvrent de ce côté exige du travail positif, le travail des générations.

26. NOÈME ET NOÈSE (NOEMA UND NOESIS). — Tout ce que nous avons dit du caractère intentionnel de la conscience, de la conscience comprise

comme « le rapport à l'objet » lui-même répond à cette question qui pouvait surgir chez le lecteur au commencement de la deuxième section : comment veut-on étudier le rapport à l'objet transcendant et, par conséquent, le sens de son objectivité si l'objet transcendant est exclu par la réduction phénoménologique et que la conscience seule subsiste comme résidu ? Nous voyons maintenant que cette difficulté n'en est une que dans la conception traditionnelle de la conscience où elle est une sorte de substance qui repose en elle-même. L'originalité de Husserl consistait à voir que le phénomène premier qui se donne à la réflexion directe sur la conscience n'est pas un « je pense » (ego cogito), mais un « je pense un objet » (ego cogito cogitatum) — l'objet de chaque cogitation, sans être emboîté en elle, se présente cependant comme sa caractéristique nécessaire et est en tant que tel nécessairement donné — et donné dans son mode de se présenter à la conscience, dans la réflexion sur la conscience.

La nouveauté de cette vue consiste en ce que l'idée de l'intuition immanente dont le caractère indubitable a été découvert par Descartes se trouve fécondée par l'idée du caractère intentionnel de la conscience, du « rapport à l'objet » comme son essence même ; et ainsi le « rapport à l'objet », l'intentionalité, dans toute la richesse de ses modifications et de ses formes, devient accessible à l'intuition immanente. Cette étude intuitive de l'intentionalité — c'est la phénoménologie.

Si donc, en tant que phénoménologues, nous nous interdisons de vivre la perception du jardin, par exemple, et de nous prononcer sur ce jardin, nous nous prononçons sur la perception du jardin elle-même dans son rapport au jardin perçu. Le jardin, exclu dans le passage à l'attitude phénoménologique, se retrouve dans celle-ci en tant que « perçu » — plus généralement en qualité de ce qu'il était pour la conscience (ce qui précisément nous intéresse en lui) — et sa façon spécifique d'être objet devient thème de la recherche. Le « perçu en tant que perçu », le « jugé en tant que jugé », etc., est donc inséparable de l'acte de conscience et Husserl l'appelle *noème*. Le noème s'oppose à l'acte de la conscience lui-même appelé *noèse*.

Le monde, les objets des sciences naturelles et des ontologies, exclus par la « réduction », se retrouvent — « entre guillemets » comme Husserl s'exprime — dans la sphère immanente de la conscience où ils sont étudiés en tant que noèmes. Dirigés sur la conscience du jardin, nous y retrouvons « le jardin » entre guillemets, en tant que noème. Mais cela signifie : l'étude de la conscience nous permet de saisir la manière d'être de chaque catégorie d'objets dans la conscience et, par conséquent, étudier le sens de l'existence des choses[24].

Les problèmes de constitution des différentes régions d'objets pour la conscience pure se ramènent ainsi à l'étude eidétique descriptive des structures noético-noématiques de la conscience.

Cette structure se retrouve dans tous les actes de la conscience : perception, souvenir, imagination, désir, volonté, etc. Partout la noèse se donne avec son corrélatif intentionnel le noème : la noèse du désir avec le noème : « le désiré en tant que désiré », la noèse de volition avec son noème : « le voulu en tant que voulu », etc. Une étude de la nature de la conscience nous montre un *parallélisme rigoureux* entre les noèmes et les noèses dans tous les domaines de la conscience. Mais cela ne nous permet pas d'étudier les noèmes tout seuls et de postuler les noèses correspondantes — ou inversement ; notre étude doit être intuitive et ne postuler rien.

27. LE JUGEMENT. — Les limites de notre article nous obligent de laisser de côté les esquisses d'analyses noético-noématiques concrètes qui remplissent la fin de la troisième section des *Ideen*. Husserl y étudie la structure fondamentale du noème et de la noèse, les modifications attentionnelles, la structure

des actes complexes comme la volonté ou le jugement, la manière dont tous les objets de la
conscience — objets esthétiques, moraux, désirés,
voulus, etc. — peuvent être donnés en même temps
d'une façon purement représentative et ainsi donner
prise au *jugement théorique*.

Quelques remarques s'imposent cependant au
sujet de la structure noético-noématique de ce dernier afin de mieux éclaircir la notion de vérité telle
que nous l'avions présentée au paragraphe 4 de notre
travail.

Le jugement : « l'arbre est vert », en tant que
noèse, en tant qu'acte de conscience a un corrélatif
intentionnel — le jugement comme noème. Mais ce
qui dans ce noème se présente comme objet de l'acte
du jugement (noèse), ce n'est pas un S (un arbre) ni
un P (la verdure) — qui pourraient aussi être donnés dans de simples perceptions — mais le « fait que
S est P » *(Das P-sein des S)* et que Husserl appelle
Sachverhalt (état de choses). Il faut le souligner, car
le fait que l'acte de juger a pour objet un « Sachverhalt » — notion qui ne coïncide pas avec les objets
qu'on retrouve dans ce « Sachverhalt » — signifie
que la fonction propre de l'acte de juger n'est pas une
sorte de liaison spontanée des données disparates
(comme on le croit d'ordinaire), mais que l'acte de
juger consiste à *viser*, à *penser* (vermeinen) la synthèse prédicative qui, elle, appartient à la synthèse
objective de cet acte, au *jugement comme Sachverhalt*.

Mais dans ces conditions la vérité du jugement
n'est pas dans sa conformité avec je ne sais quelles
lois de liaison qui définiraient la raison, mais dans
l'intuition du « Sachverhalt » dont les éléments caté-
goriaux peuvent aussi bien être intuitivement donnés
que les éléments sensibles (cf. § 4). La déduction elle-
même n'est qu'un mode de ramener un Sachverhalt
à la clarté intuitive (cf. § 4).

28. LES PROBLÈMES DE RAISON ET DE RÉALITÉ.
— Nous venons de toucher à la question de la vérité. Mais par là nous empiétons sur le domaine de la quatrième section. Les analyses noético-noématiques dont nous avons énuméré les titres au commencement du paragraphe 27, et dont la réalisation par Husserl n'est qu'une première ébauche des travaux qui s'imposent — ne posent pas encore le problème de la vérité, mais étudient plus généralement la question du rapport à l'objet. Or se rapporter à l'objet n'est pas par là même connaître la vérité et « être objet » n'est pas encore exister. La connaissance vraie seule a pour objet l'être. *Comment la connaissance atteint l'être avec vérité — qu'est-ce que signifie « être »* — voilà le problème essentiel de la phénoménologie par rapport auquel tous les autres ne servent que de préparation.

Mais il faut bien s'entendre. Lorsque nous distinguons le pur et simple rapport à l'objet de la vérité ou « rapport à l'objet existant », nous ne voulons pas dire que le rapport à l'objet existant soit quelque chose qui transcende l'intentionalité elle-même. Nous ne voulons pas revenir à la distinction scolastique de l'objet immanent et de l'objet réel pour s'imaginer que la conscience — qui est le « rapport à l'objet » lui-même — soit un monde fermé qui aurait besoin encore d'une nouvelle intentionalité pour arriver à l'objet réel. Toute la nouveauté de la phénoménologie consiste précisément à avoir dépassé cette distinction. Le fait que le rapport à l'objet est un rapport à l'objet existant ne peut être qu'un caractère immanent de l'intentionalité elle-même. Et ce que signifie le rapport à l'objet existant — c'est bien cela que l'analyse phénoménologique doit établir en étudiant la manière dont l'objet est donné comme existant à la perception, par exemple.

Le problème de la raison et de la réalité se pose donc d'une façon nouvelle : il ne s'agit pas de se demander comment la connaissance peut atteindre l'être qui lui est transcendant, — car une intentionalité qui l'atteint, comme la perception par exemple, est le phénomène primitif, donné d'une façon indubitable à l'intuition, — il s'agit seulement d'expliciter *ce que pense la conscience lorsqu'elle pense un objet réel, comment se caractérise l'intentionalité qui atteint l'être.* Comment le caractère de vérité se laisse-t-il décrire, que signifie-t-il ; que signifie corrélativement que l'objet existe ; et, plus spécialement, que signifie la connaissance et l'existence pour chaque région d'objets — voilà les problèmes qui se posent à la phénoménologie de la raison et que l'intuition saura résoudre.

SECTION IV
La raison et la réalité

29. LA PRÉTENTION DE LA CONSCIENCE D'ATTEINDRE SON OBJET. — Pour esquisser une phénoménologie de la raison et surtout pour montrer les grandes lignes des problèmes qui se posent et qui se laissent résoudre par la méthode phénoménologique, il faut — avant de montrer comment se caractérise l'acte de la conscience lorsque sa prétention d'être raisonnable, de poser son objet avec raison se justifie — se demander en quoi consiste cette prétention.

« Noème de la conscience » et « objet de la conscience » ne sont pas la même chose. Différents actes ont des noèmes différents mais peuvent être dirigés sur le même objet. Le même objet « arbre » peut être donné dans une perception, dans un souvenir, dans la fantaisie, etc. Il faut donc distinguer dans le noème différentes couches et un noyau (Kern) qui peut être commun à des noèmes différents. Les termes qui servent à décrire ce noyau sont empruntés au langage des sciences d'attitude naturelle : « objet », « chose », « figure », « dure », « coloré », « bon », « parfait », etc. L'on évite des caractéristiques comme « clairement donné »,

« donné dans le souvenir », etc., qui appartiennent cependant également au noème et ne sont nullement des résultats de réflexion. Elles s'ajoutent au noyau et sont justement ses manières d'être donné ; elles forment avec le noyau ce que Husserl appelle le *noème complet* (das volle Noema). Le noème complet d'une perception de l'arbre sera « l'arbre perçu avec toutes les caractéristiques qu'il a en tant que perçu » ; son « noyau » sera l'arbre lui-même, l'« objet tout simplement » (Gegenstand schlechthin) qu'on peut retrouver aussi dans le souvenir du même arbre.

Mais l'ensemble des prédicats qui forment le noyau noématique sont nécessairement prédicats de quelque chose. Ainsi un moment plus profond encore se laisse décrire dans le « noème », sorte de X qui porte les prédicats et que Husserl a appelé plus tard, pour éviter toute équivoque métaphysique et réaliste liée avec le terme « X », le « pôle d'objet de l'intention ». Ce « pôle » est inéluctable dans une description exacte du phénomène. Il est inséparable de ses prédicats ; c'est lui qui reste identique lorsque les prédicats changent. C'est ce « pôle » qui est, pour ainsi dire, la substance de l'objet, et une description qui prétend à l'exactitude ne peut l'omettre. Nous disons que les actes différents se rapportent au même objet lorsque le « pôle d'objet » est commun à tous ces actes. Dans les actes synthétiques chaque articulation a son pôle — mais la synthèse a aussi un pôle d'ensemble : dans le jugement, par exemple.

L'objet ainsi décrit — comme le pôle avec l'ensemble de ses prédicats — peut être donné dans une conscience qui *le pose comme existant* — dans une conscience thétique, comme Husserl s'exprime. La prétention de la connaissance à la vérité ne peut consister que dans sa prétention, non seulement à poser son objet comme existant, mais à y avoir un droit. Comment se caractérise l'acte où cette prétention se justifie, en quoi consiste ce droit de la conscience de poser son objet comme existant

— voilà la question qui se pose maintenant devant nous.

30. L'INTUITION ORIGINAIRE COMME SOURCE DE TOUTE VÉRITÉ. — Le moment est venu de reprendre ici certains des résultats des *Logische Untersuchungen*. Husserl distingue dans ce livre deux types d'actes :

1° Les actes significatifs — qui ne se rapportent pas immédiatement à leurs objets mais les *pensent* seulement (meinen), les *signifient* (bedeuten), les *visent* sans les voir. Ce sont des intentions vides, non réalisées (unerfüllte Intentionen). Ainsi dans une conversation nous pensons aux objets de nos phrases, choses, relations, idées, Sachverhalt — mais tout en étant dirigés sur eux dans une série d'intentions nous ne les voyons, pour ainsi dire, pas.

2° Les actes intuitifs — où l'objet est non seulement visé mais vu avec évidence (dans l'imagination, par exemple). La notion cartésienne d'intuition — connaissance claire et distincte — réapparaît ici. Le cas préféré de l'intuition c'est l'intuition originaire ou perception (cf. § 3). Elle se caractérise, non seulement par le fait de voir immédiatement son objet, mais de le voir « en original », « en personne » (selbstgegeben), « en chair et en os » (leibhaftgegeben). C'est ainsi — remarquons-le en passant — que dans l'attitude phénoménologique la perception se laisse décrire comme intentionalité qui possède son objet en original ; la « présence intuitive » de la conscience devant les choses n'est pas plus mystérieuse que sa « présence signitive » — rapport de pure pensée (vermeinen) — dans ces choses.

Mais l'intention purement signitive peut avoir le même objet que l'intention intuitive. Dans ce cas une réalisation (Erfüllung) de l'intention signitive dans l'intuition est possible. Le jugement où le fait que $2 \times 2 = 4$ n'est que médiatement visé et signifié peut s'épanouir en jugement où le fait que $2 \times 2 = 4$ est perçu avec évidence. Mais il peut y avoir des actes signitifs qui ne se réalisent jamais ; par exemple le « cercle carré » est un objet qu'on peut viser, car penser un « cercle carré » est bien penser quelque chose, mais cet objet ne peut jamais être donné intuitivement.

Pour en revenir à notre question initiale, nous pouvons dire maintenant : ce qui justifie la position de l'objet comme existant par la conscience, c'est la vision intuitive, la perception de l'objet « en original ». L'acte de la raison est l'acte intuitif. Ce qui caractérise l'essence de la raison ce n'est donc pas telle ou telle forme, telle ou telle loi de la pensée ou catégorie logique ; *c'est un certain mode de se rapporter à l'objet où ce dernier est donné avec évidence et est présent « en personne » devant la conscience.* Les analyses de notre première section avaient montré comment le concept de perception s'étend à la sphère des essences et des formes catégoriales et nous dispensent d'y revenir.

Mais le sens de la raison et corrélativement de la réalité n'est pas résolu avec ces indications générales et un large champ de problèmes s'ouvre devant nous. Pour *chaque catégorie* d'objets se pose la question de la réalité. Et pour voir ce que signifie vérité dans chacune de ces régions, il faut, en se dirigeant sur la conscience transcendantale, montrer et décrire la structure noétique et noématique des actes intuitifs qui constituent les objets des régions respectives. Nous allons revenir sur les principaux groupes de problèmes que pose la phénoménologie de la raison. Quelques remarques de valeur générale s'imposent tout de suite.

31. ÉVIDENCE ADÉQUATE ET INADÉQUATE. — L'évidence adéquate — celle que nous avons dans le raisonnement mathématique — se caractérise par le fait que l'objet visé se couvre tout à fait avec l'objet vu. L'intention signitive se réalise tout entière. La position de l'objet comme existant est justifiée dans ce cas d'une façon exceptionnelle qui exclut la posi-

tion contraire. L'intuition inadéquate — qui est la seule possible pour un objet transcendant — ne peut par essence réaliser toute l'intention signitive de sorte que le tout de l'objet ne peut être que visé et un de ses côtés seulement est perçu. C'est pourquoi la position de l'objet ne se justifie jamais totalement — et son existence n'est jamais certaine.

Notre distinction rend compte de la distinction entre l'évidence apodictique et l'évidence assertorique.

32. ÉVIDENCE MÉDIATE. — A côté de l'évidence immédiate — adéquate ou inadéquate — l'on peut parler d'évidence médiate qui se justifie toujours par un retour à l'évidence immédiate et originaire — seule source de la vérité. Telle l'évidence du souvenir qui puise toute sa force dans la perception qui est à sa base et vers laquelle il faut remonter pour que la vérité du souvenir s'infirme ou se confirme. Ici des recherches s'imposent pour décrire la structure de cette confirmation ou de son contraire, la structure de ce type d'évidence médiate, etc.

Mais il se peut que l'évidence soit médiate de par l'essence même de son objet. En géométrie, par exemple, le fait que la somme des angles dans un triangle soit égale à deux droits ne peut être immédiatement évident même pour un entendement divin. Revenir à l'évidence immédiate consiste dans ce cas dans une marche dont chaque pas est évident, vers l'évidence originaire. La structure *noético-noématique* d'une telle justification médiate est un champ de recherches de la phénoménologie de la raison.

33. LES GRANDES LIGNES DES PROBLÈMES DE LA PHÉNOMÉNOLOGIE DE LA RAISON. — Nous abandonnons maintenant les développements généraux de la phénoménologie de la raison pour montrer les grandes lignes des problèmes qui se posent, ce qui n'est souvent pas possible sans une première esquisse de ces descriptions qui sont à faire.

Il s'agit de décrire la constitution des différentes catégories d'objet pour la conscience pure, pour voir comment ces objets existent.

Avant tout la logique apophantique et l'ontologie formelle (cf. § 6) seront phénoménologiquement éclaircies. Tandis que le logicien dans l'attitude naïve saisit les formes pures des objets (ontologie formelle) ou des jugements (apophansis) et établit pour elles des axiomes apodictiques de leur valeur — le *sens de cette valeur,* c'est-à-dire la structure noético-noématique des actes intuitifs qui nous donnent tel ou tel axiome logique est l'objet du phénoménologue. C'est la phénoménologie qui nous montrera l'essence et les rapports eidétiques des concepts comme connaissance, évidence, vérité, être (objet, Sachverhalt, etc.)[25]. C'est elle qui étudiera comment dans chaque cas particulier les intentions signitives doivent, de par leur essence, se réaliser en contenu intuitif et quel type d'évidence peut être en question selon les cas. Un large champ de travail s'ouvre devant nous avec la position phénoménologique du problème.

Les problèmes de la raison se posent ensuite pour des ontologies matérielles. Chaque région d'objets a *pour essence* un mode spécial, mais nécessairement déterminé, de se donner à la conscience intuitive. Ces actes intuitifs dans lesquels la réalité se constitue comme existante doivent être étudiés pour éclaircir le sens de la connaissance et de l'existence de ces objets.

Prenons, pour montrer comment se posent les problèmes constitutionnels, un exemple : la région de « chose matérielle. » Tandis que les actes de la conscience se donnent toujours d'une façon adéquate — ce qui nous a permis de parler dès le commencement de l'existence absolue de la conscience pure (cf. § 17), les objets de la région « chose matérielle » ne peuvent jamais être adéquatement donnés. Cette inadéquation de l'intuition est essentielle à la chose matérielle. Un côté de l'objet seulement nous est donné dans la perception immédiate, tandis que le reste de l'objet n'est que visé. Lorsqu'une autre phase de la chose entre dans la sphère de la perception, la phase perçue précédemment en sort *par essence*. Et c'est encore *par essence* que cette série des perceptions continues ne peut jamais être achevée. La chose matérielle n'est donc qu'une synthèse *sui generis* d'une série continue de noèmes. C'est ainsi que l'analyse phénoménologique nous découvre le sens général de l'existence de la chose matérielle. La chose matérielle ne peut pas *par essence* avoir le caractère d'existence absolue, car l'existence de chaque phase dépend de l'existence du tout, et le tout ne peut jamais être donné complètement. Chaque position de l'objet comme existant se présente comme valable pour aussi longtemps seulement que la suite de la série des perceptions ne la contredit pas. Et son existence ne peut être que la concordance de la série des perceptions que le moi percevant constate. Mais ce n'est là qu'une caractéristique toute générale de l'existence de la chose matérielle que notre analyse tout aussi générale nous permet. Un champ de recherches infinies s'ouvre ici, pour voir d'une façon concrète le mode dont la perception de l'objet se passe dans une série continue de perceptions partielles, les différents modes dont la synthèse de ces perceptions se fait ; comment la force de la position existentielle s'accroît avec la concordance de ces perceptions ; ou, au contraire, comment l'expérience nouvelle contredit l'expérience précédente et comment l'objet présumé comme existant « fait explosion » (illusion) ; comment après des perceptions contradictoires ces perceptions qui concordaient avant se trouvent modifiées ; comment l'unité de l'expérience se rétablit, etc.

Ces questions où il s'agit d'établir non pas la « facticité » de la conscience mais sa *nature essentielle* ont ceci de particulier, répétons-le, que ce n'est pas une région entre autres qu'elles veulent explorer. Il ne s'agit pas de connaître les lois de la conscience comme on connaît les lois géométriques ou chimiques, car dans la conscience nous avons affaire à l'intentionalité, et non pas à une sorte de substance qui repose en elle-même. C'est la manière de la conscience de se rapporter à l'objet dans chacun des modes que nous avons à décrire qui nous intéresse : en tant que quoi l'objet est pensé dans la concordance des intuitions, en tant que quoi il est présent dans l'explosion, etc. : — le sens de l'existence — cette notion aussi générale que vide pour l'attitude naïve qui la présuppose — devient en phénoménologie l'objet principal de recherche et doit être explicité par la phénoménologie de la raison.

Les problèmes que nous venons d'énumérer peuvent être embrassés sous le titre de « constitution de la région chose matérielle pour la conscience pure » (cf. § 25). Mais des problèmes analogues se posent pour les autres régions. Le sens de vérité et d'existence pour des régions comme « homme », « animalité », « culture », « société », etc., doit devenir l'objet de la phénoménologie qui cherchera à éclaircir les intuitions qui constituent les objets en question comme existants et comme vrais.

Ces différentes régions ne sont pas indépendantes les unes des autres. C'est ainsi que les régions d'« animalité », d'« homme », de « collectivité » sont « fondées » dans la région « chose matérielle ». Dans la mesure où elles le sont, la phénoménologie de la région « chose matérielle » règle aussi les autres régions. Mais chacune de ces régions, comme la « collectivité » par exemple, présente une originalité irréductible d'être, et d'être connue, et exige une phénoménologie spéciale où sa constitution pour la conscience pure serait établie.

34. La réduction intersubjective. — La conscience pure dont il était question dans nos développements n'est pas une « conscience universelle » logiquement inventée, mais un « ego » réel que je suis. Aussi, forcément, la réalité qui se constitue

pour cet « ego » et qui consiste — notre analyse l'a déjà montré — dans la concordance de la série continue des actes de cet « ego » n'épuise pas le sens de l'objectivité de cette réalité. Car objectivité suppose non seulement la concordance des actes intuitifs d'un seul « ego », mais la concordance des actes d'une multiplicité d'ego. Il est dans l'essence de la vérité objective d'être vérité pour tout le monde ; idéalement ce monde intersubjectif est donc présupposé dans l'essence même de la vérité.

Si donc la phénoménologie veut véritablement étudier le sens de la vérité et de l'être, si elle veut épuiser leur contenu, elle doit dépasser l'attitude quasi solipsiste où nous met la réduction phénoménologique qui peut être appelée « réduction égologique ». Cette attitude n'est que le premier pas vers la phénoménologie de la raison, premier pas qui n'en est pas moins indispensable et qui pose une infinité de problèmes qui n'en sont pas moins réels. Mais toutes les recherches de la phénoménologie égologique doivent être subordonnées à la « phénoménologie intersubjective » qui seule saura épuiser le sens de la vérité et de la réalité.

Cette idée dont on ne trouve qu'une esquisse d'une demi-page dans les *Ideen* est devenue, dans le développement postérieur de la pensée de M. Husserl, primordiale. Une théorie de l'Einfühlung[26], promise dans le premier volume des *Ideen* et exécutée dans les ouvrages non parus de M. Husserl, nous décrira comment la conscience individuelle, l'ego, la monade qui se connaît elle-même dans la réflexion sort d'elle-même pour constater, d'une façon absolument certaine, un monde intersubjectif de monades autour d'elle — mais un monde qui est à la société réelle comprise comme partie de la nature ce que la conscience transcendantale est à la conscience psychologique. C'est pour cette « conscience intersubjective » que les problèmes phénoménologiques de la raison se posent : comment l'existence de l'objet se confirme dans la concordance des expériences subjectives appartenant aux ego différents ; comment l'existence présumée de l'objet, même si elle s'est trouvée confirmée dans une série des actes subjectifs (dans une hallucination, par exemple), « fait explosion » dans la conscience intersubjective, etc. Tous les problèmes « constitutionnels » doivent être posés pour la sphère absolue de la conscience intersubjective qui précède tout monde, toute nature et où ces derniers se constituent. C'est l'étude de la constitution de chaque région d'objets pour la conscience intersubjective qui nous éclaircira leur sens, dans leur connaissance et dans leur être.

NOTES

1. Les références renvoient aux paragraphes respectifs de notre exposé. C'est en notes que nous renvoyons aux ouvrages de Husserl.

2. Autres ouvrages de Husserl :

a) Philosophie der Arithmetik, Halle, 1891 (ouvrage de l'époque préphénoménologique).

b) Logische Untersuchungen, 1re édition, 1900-1901 (en deux volumes), 2e édition, 1913 (en trois volumes).

c) Philosophie als strenge Wissenschaft, article dans le *Logos,* 1910.

d) Edmund Husserls Vorlesungen zur Phaenomenologie des innern Zeitbewusstseins, dans le *Jahrbuch* de Husserl, v. IX.

3. Voir l'article : *Philosophie als strenge Wissenschaft.*

4. Le terme eidétique vient du mot grec *eidos* que Husserl oppose, pour éviter les équivoques, au concept d'« idée » (cf. paragraphe 22).

5. *Ideen,* p. 40.

6. Voir surtout *Log.* livre II, 2e *Untersuchung* (2e éd.).

7. *Ideen,* p. 9.

8. Voir surtout *Logische Untersuchungen,* livre III (2e éd.).

9. *Ideen,* p. 22.

10. *Ideen,* p. 27.

11. Vol. I et II, deuxième *Untersuchung.*

12. *Logische Untersuchungen,* vol. I.

13. *Logische Untersuchungen,* vol. I.

14. *Ideen,* p. 43.

15. « Phénoménologie » ne signifie pas science qui se borne à l'étude des phénomènes par suite de l'inaccessibilité des « choses en soi ». Phénomène signifie ici ce qui se « montre », ce qui se donne avant toute présupposition, par opposition à une superstructure hypothétique.

L'on pourrait dire que c'est une « science des données immédiates ». Notre paragraphe 10 montre pourquoi, d'après Husserl, l'étude des « données immédiates » impose l'étude de la conscience.

16. *Ideen*, p. 74.

17. Cette apparente antinomie entre la multiplicité des moments sensibles qui représentent l'objet et l'unité identique de l'objet lui-même n'implique donc pas nécessairement la thèse bergsonienne que l'objet identique soit de la conscience faussée, mais se laisse résoudre par la distinction entre l'acte et l'objet de connaissance.

18. Il est vrai que l'objet de la physique qui sert à expliquer le monde des qualités est souvent considéré comme le véritable objet de notre connaissance et le monde des qualités comme image ou symbole de cet objet souverainement réel et qu'un Dieu pourrait percevoir directement. Mais c'est une fausse description de notre connaissance : car c'est bien sur le monde des qualités que notre connaissance se dirige, c'est bien lui qu'il faut déterminer et il ne joue nullement le rôle d'« image » ou de « signe » d'un objet qui le transcenderait. L'objet de la physique n'est, *par essence*, qu'une superstructure motivée par des représentations sensibles et qui sert à les expliquer ; il ne peut, par conséquent, être donné qu'avec les qualités sensibles, ce serait faire de la mythologie que de lui supposer une existence indépendante. — Même une physique divine ne pourra le percevoir immédiatement de la perception sensible « comme l'omnipotence divine ne peut faire que des fonctions elliptiques soient jouées au violon » (*Ideen*, p. 102).

19. « *Sum igitur... res cogitans id est mens, sive animus, sive intellectus, sive ratio* », *Médit.*, II.

20. *Ideen*, p. 132.

21. Par la découverte de l'essence inexacte qui s'oppose à l'essence exacte des mathématiques nous arrivons à dépasser l'alternative devant laquelle nous a posé M. Bergson : ou bien la conscience doit être étudiée, comme l'espace, saisie par l'intellect en concepts bien définis, ou bien elle ne doit pas être étudiée par l'intellect. Avec Husserl il y a une troisième possibilité. L'intelligence ne travaille pas uniquement à l'aide de concepts géométriques — il peut y avoir essence sans qu'il y ait en elle immobilité et mort. L'esprit de finesse et l'esprit de géométrie ne sont pas les seuls possibles : la connaissance connaît d'autres voies.

22. Dans ces thèses Husserl se rencontre souvent avec Bergson qu'il ignorait au moment où sa pensée se développait. Voir l'ouvrage de M. Husserl qui vient de paraître : « Edmund Husserls Vorlesungen zur Phaenomenologie des innern Zeitbewusstseins » dans le *Jahrbuch* de Husserl vol. IX.

23. Voir Heidegger, « Sein und Zeit », *Jahrbuch*, VIII, p. 38 et p. 47 en notes.

24. L'intentionalité est un terme scolastique. Les scolastiques savaient qu'un objet « mental » appartient nécessairement à la conscience, même si l'objet réel est détruit. — Mais pareille attitude, précisément parce qu'elle sépare l'objet mental et l'objet réel, ne permet pas de réduire l'étude du rapport de la conscience à l'objet réel à l'étude des structures noético-noématiques. La découverte de M. Husserl était que c'est l'objet, dit réel, lui-même qui dans la réflexion se donne comme objet mental. Car rien ne justifie la conception qui oppose l'objet mental et l'objet réel. C'est sur l'objet *réel lui-même* que nous sommes dirigés dans l'attitude naturelle et nous ne trouvons pas de double qui servirait à le connaître.

Par ailleurs, ce double, s'il existait, aurait dû être connu à l'aide d'un autre double et ainsi à l'infini — ce qui est absurde.

25. *Ideen*, p. 306.

26. Terme qui vient de la psychologie empirique allemande de la fin du XIXᵉ siècle et qui désigne l'acte par lequel nous connaissons la vie consciente d'autrui.

III

FRIBOURG, HUSSERL
ET LA PHÉNOMÉNOLOGIE

« Sauvagement romantique », la Forêt-Noire encercle la ville de Fribourg, se faufile à l'intérieur de la cité et rebondit au centre même. Romantisme sauvage, mais apprivoisé. Les sentiers les plus incertains abondent en écriteaux, comme « Halte ! A droite une vue splendide sur la vallée » ou « Attention au coucher du soleil ! » Ainsi, la Culture, atteignant une universalité vraiment parfaite, s'étend à ce qu'elle renie, et fait rendre à la Nature elle-même tout ce que la Nature peut rendre.

La ville est petite, proprette et jolie. Visitée par les skieurs en hiver, elle attire en été de nombreux touristes qui vont se promener dans les plus belles montagnes du monde et jeter un coup d'œil sur le joujou de cathédrale, « rose comme une fiancée », dont la tour dentelée et transparente est l'œuvre du bon maître Erwin de Strasbourg. Mais c'est l'université qui donne l'élan vital et crée ce rythme de la petite ville universitaire allemande, si souvent décrite, chantée, filmée. Les étudiants y accourent de partout : les facultés leur promettent toutes les richesses des sciences et des arts ; et solennellement placés à l'entrée principale de l'université, Aristote et Homère en semblent garantir les bonnes traditions et la pureté classique. Fribourg est encore une ville de médecine, une ville de chimie, la ville de bien d'autres sciences. Mais, avant tout, c'est *la ville de la phénoménologie.*

Même pour une ville d'industrie intellectuelle, cette spécialité étonne un peu : elle n'est guère répandue. C'est que vulgariser la doctrine phénoménologique, c'est offenser la conscience scientifique de son créateur Edmond Husserl. La phénoménologie veut précisément arracher la *sagesse* aux amours passagers, aux jeux folâtres et aux fréquentations compromettantes des conférenciers mondains et des causeurs à la mode. Elle veut, entre la *sagesse* et Socrate, une union « pour la vie », elle exige tout le sérieux que pareille union comporte[1].

Mais deux mots sur les intentions les plus générales du mouvement phénoménologique n'amèneront peut-être pas nécessairement une chute dans la vulgaire demi-science.

Phénoménologie signifie science des phénomènes. Tout ce qui se donne, se montre, se dévoile à notre regard est phénomène.

Mais alors tout est phénomène et chaque science phénoménologie !

Nullement. Ce qui se donne à la conscience ne mérite le nom de phénomène que si on le saisit à travers le rôle qu'il joue et la fonction qu'il exerce dans la vie — individuelle et effective — dont il est l'objet. Sans cela, c'est une abstraction. La signification, la portée et, pour ainsi dire, le poids de son existence nous échappent. Une interprétation philosophique *construite*, amenée du dehors, en trahit le sens. La *construction* déforme le phénomène.

Pour le sauver, la phénoménologie est conduite par la conviction que la signification philosophique et dernière du *phénomène* est atteinte quand on le replace dans la vie consciente, dans l'individuel et l'indivisible de notre existence concrète[2].

Renversement de l'attitude scientifique. La physique de Newton se détourne précisément du sujet pour la plus grande gloire de l'objet ; dans l'objet lui-même elle décrète l'expulsion de tout élément soi-disant subjectif ; elle extermine de l'espace, par exemple, toute hérésie subjective, le « haut » et le « bas », la « droite » et la « gauche », le « loin » et le « près ». Ainsi purifié, l'espace objectif, le monde objectif ne voient pas de limites à leur objectivité toujours plus pure ; seule la physique les approche en parlant le langage mystérieux des vérités certaines et mathématiquement précises.

Reste à savoir si nous comprenons véritablement ce langage. Ce monde qui transcende notre monde ambiant, n'est-il pas aussi au-delà de cette compréhension spécifique que nous avons de l'individuel, de l'historique, de l'humain, et où le réel se présente non seulement comme un enchaînement des propositions, mais comme une existence qui vaut et qui pèse ?

La question est permise ; de grands esprits se la posaient au cours de l'histoire de la philosophie. Berkeley a attaqué Newton. Les lignes idéales, et les points mathématiques, et les infiniment petits, c'est pour Berkeley du vide, de la convention, de la fiction. L'ascension de la science vers les régions de l'objet pur équivaut à un saut dans le néant. Une géométrie un peu baroque, mais une géométrie de l'être, se substitue à la géométrie du néant. Le point sera désormais un petit solide d'un minimum défini de grandeur, la ligne se composera d'un nombre fini de ces points. Si ce nombre est impair, la ligne ne saurait être divisée en deux parties égales. On ne parlera plus de triangles égaux, car les superposer, c'est les transformer en un seul et unique triangle.

On a souvent placé le sensualisme de Berkeley et de Hume à l'origine du positivisme expérimental. Les pages émouvantes — émouvantes, car elles ne reculent pas devant l'impossible — où ces philosophes essaient de reconstituer les éléments sensibles, « idées » et « impressions », de nos concepts géométriques, ont surtout été interprétées comme la démonstration de l'origine empirique de notre connaissance. On se contentait d'y voir un débat sur le caractère *a priori* ou *a posteriori* de la géométrie. Mais le sensualisme se confond-il avec l'empirisme ? La géométrie de Berkeley et les développements très analogues chez Hume qui, lui aussi, ne concevait qu'un espace constitué avec du sensible et, par conséquent, d'une divisibilité limitée — cette géométrie n'a-t-elle pas un autre aspect ? Le sensible qui s'est trouvé au centre de l'intérêt n'a pas seulement les vertus d'un fait — il est surtout un élément immédiat et tangible de la conscience. Et dès lors, la poussée profonde, la volonté métaphysique du sensualisme ne consistait-elle pas à affirmer l'immédiat, l'individuel, l'humain, comme sphère où doit se mouvoir toute compréhension véritable et à travers laquelle tout objet doit être saisi pour avoir un sens ? Que la mathématique traditionnelle fût condamnée, ce n'était là qu'une contingence ; que Berkeley et Hume aient cherché les éléments concrets des objets soi-disant abstraits — voilà l'essentiel.

Mais ce sentiment de l'incompréhension foncière de *l'abstrait considéré en lui-même* rapproche les sensualistes des phénoménologues ; ce sentiment qui commence à pénétrer la science moderne gênée par des « crises » et des « paradoxes », angoissée de voir que le sens même de ses jugements — si certains cependant — lui échappe, se demandant souvent, comme le vieux Berkeley, si ce dont elle parle est autre chose que néant, convention, fiction.

Toujours est-il que c'est vers l'empirisme, et le plus naïf, que tendait la philosophie de Berkeley et de Hume. Hume engendra Stuart Mill et Stuart Mill engendra le psychologisme. Or, c'est contre le psychologisme que se révolta la phénoménologie.

L'Humain, que Hume et Berkeley croyaient toucher dans le sensible — surtout dans le sensible tel qu'ils se l'imaginaient — n'était qu'une grossière application des catégories des choses extérieures à l'homme. *Ils considéraient les faits humains comme des choses.* S'ils ont eu raison de voir dans l'individuel, l'immédiat, le concret, l'atmosphère même de la compréhension, où les objets idéaux de la mathématique devaient être replacés pour être compris, ils ont eu tort de croire que la *sensation-chose* soit cet individuel, cet immédiat, ce concret.

Déterminer la nature véritable de l'Humain, l'essence propre de la conscience — voilà ce qui s'est imposé comme première tâche aux phénoménologues. On connaît leur réponse. Tout ce qui est conscience n'est pas replié sur soi-même, comme une chose, mais *tend* vers le Monde. Le concret suprême dans l'homme, c'est sa transcendance par rapport à lui-même. Ou, comme disent les phénoménologues, c'est l'intentionalité.

Thèse d'apparence paradoxale. Que la connaissance théorique tende vers un objet et surtout que cette tension se confonde avec l'existence même de la connaissance, on l'accordera à la rigueur. Mais les sentiments — l'amour, la peur, l'angoisse — dans leur chaleur intime, ne se dirigent sur rien. Etats subjectifs, tonalités affectives, selon l'expression des psychologues, ils semblent tout le contraire de l'intentionalité. — Le sentiment n'est pas connaissance, voilà ce que cette objection veut dire. Mais les phénoménologues, non plus, n'admettent pas cette absurdité. Leur idée fondamentale consiste, bien au contraire, à affirmer et à respecter la spécificité du *rapport au monde* que réalise le sentiment. Seulement, ils soutiennent ferme qu'il y a là *rapport,* que les sentiments en tant que tels « veulent en venir à quelque chose », constituent, *en tant que tels,* notre transcendance par rapport à nous-mêmes, notre inhérence au monde. Ils soutiennent, en conséquence, que le monde lui-même — le monde objectif — n'est pas fait sur le modèle d'un objet théorique, mais se constitue au moyen de structures, beaucoup plus riches, et que seuls ces sentiments intentionnels sont à même de saisir. L'angoisse elle-même, qu'une analyse paresseuse déclarerait sans objet, simple effet des états organiques, des palpitations ou de la fatigue — l'angoisse apparut aux phénoménologues comme une intention privilégiée, comme une attitude souverainement métaphysique. C'est elle qui nous révèle dans le monde la marque du néant cachée aux yeux de la contemplation qui prétend découvrir de l'absolu. Car précisément la contemplation est aveugle pour le néant. Le néant n'est pas dans le monde comme une entité. Il ne saurait être pensé (les anciens ont eu raison de le dire). Il ne peut être qu'angoissant.

Le concret à partir duquel le monde doit être compris est donc l'*intentionalité*. Une conscience se composant de sensations privées de sens, ne visant à rien, repliée sur soi — que ce soit le « polypier d'images » de Taine ou même la durée bergsonienne — ne peut pas nous faire comprendre le monde qui n'est pas un contenu de la conscience. Or l'intentionalité nous ouvre ici des possibilités. Et la géométrie concrète, sans être ridicule, en sera une des premières réalisations.

L'espace géométrique est en effet une abstraction. La situation *concrète* qui nous révèle l'étendue, c'est *notre présence dans l'espace*. Celle-ci ne se réduit pas à une simple inhérence d'une chose étendue à une autre chose, plus étendue, qui l'enveloppe. Elle est avant tout un *complexus d'intentions* et même le seul type d'intention approprié à viser l'espace, comme la vue seule découvre la lumière, comme l'angoisse seule appréhende le néant. Dès lors, nous n'avons qu'à expliciter ce qui est impliqué dans ces intentions. Nous aurons un espace qui est avant tout une ambiance constituée par nos possibilités de nous mouvoir, de nous éloigner et de nous approcher, et, par conséquent, un espace non homogène, avec un haut et un bas, une droite et une gauche, tout relatif aux objets usuels qui sollicitent nos possibilités de nous mouvoir et de nous tourner. — Dira-t-on que cet espace concret présuppose l'espace géométrique ? Mais ce serait croire que ce premier est donné à une contemplation théorique, mais obscure, ce serait oublier la racine totalement différente qui l'attache à notre vie, la spécificité irréductible de la « présence dans l'espace ». C'est comme si on confondait le toucher avec une vision imparfaite.

Cependant cette découverte — ou plutôt cette réhabilitation — de l'espace concret n'équivaudra pas à une condamnation de la géométrie, pas plus que l'analyse phénoménologique du monde ne conduira pas à mépriser la science. Seulement, pour comprendre le poids, la portée, le sens des vérités scientifiques, il faudra voir comment l'activité scientifique dépasse le monde concret de notre vie, comment l'objet de la science se rapporte à l'objet immédiat. *Il faudra découvrir — par une analyse de l'intentionalité — la signification de cette situation où, à partir de l'espace immédiat, se révèle l'espace géométrique.* Cela ne veut pas dire que le phénoménologue s'intéressera aux sentiments et aux passions du géomètre, mais qu'il cherchera la racine de l'attitude géométrique, en général, dans la totalité concrète de l'existence humaine, existence plus riche que la pure et sereine contemplation. Ainsi se réalisera l'aspiration au concret que nous avons sentie chez Berkeley. Si ce dernier croyait devoir rejeter la science de Newton, c'est que sa conception d'une conscience « réifiée », son ignorance de l'intentionalité ne lui permettaient pas de concevoir comment un monde qui n'est pas « emboîté » dans la conscience puisse s'y référer et y puiser son sens.

Analyser les intentionalités qui *constituent* tel ou tel autre objet, c'est faire de la phénoménologie. Ces problèmes de « constitution » dont on parle tant à Fribourg renouvelleront la philosophie. Ils nous apprendront à considérer les phénomènes dans leur fraîcheur concrète, dans leur originalité irréductible. L'ensemble de l'être, lorsqu'on le considère tel qu'il émerge de notre vie concrète, n'est pas l'amas de faits que les sciences de la Nature seraient seules à même de saisir. A côté de l'espace, du temps et de la causalité, s'affirme aussi l'objectivité des notions, comme l'« usuel », l'« esthétique » le « sacré », etc. Ces caractères se donnent comme appartenant aux objets, et les phénoménologues n'y voient pas des déterminations « purement subjectives » de notre connaissance des choses, mais les *catégories* constitutives des choses elles-mêmes. Le Monde déborde la Nature ; il reprend tout le relief et toute la richesse qu'il a dans notre vie concrète : c'est un monde de choses intéressantes et ennuyeuses, utiles et inutiles, belles et laides, aimées et haïes, ridicules et angoissantes. La méthode phénoménologique veut détruire le monde faussé et appauvri par les tendances naturalistes de notre temps — qui ont, certes, leurs droits, mais aussi leurs limites —, elle veut reconstruire, elle veut retrouver le monde perdu de notre vie concrète.

Mais le monde, pas plus que le temple, ne se détruit, ni ne se reconstruit en trois jours. Travailler est le mot d'ordre à Fribourg. Une saveur spéciale se mêle à ce mot lorsqu'on l'applique à la philosophie et, surtout, lorsqu'on entend par travail autre chose qu'une étude historique de toutes les subtilités aristotéliciennes ou kantiennes. Les jeunes phénoménologues, disciples de Husserl, croient pouvoir travailler pour la philosophie, comme les savants travaillent pour les sciences. Ils déblayent le terrain encombré de la construction scientifique, pétrissent la glaise philosophique, posent lentement et péniblement les fondations. Ils veulent réaliser ainsi le rêve de leur maître Husserl, rêve d'une philosophie scientifique qui serait l'œuvre de générations de travailleurs, chacun contribuant tant soit peu à l'édifice de la philosophie, à cet édifice que les philosophes de la tradition, rivalisant avec les gnomes des contes de fées, avaient l'ambition d'élever en une nuit.

Mais « pétrir la glaise philosophique », qu'entend-on par là ? Nous le comprenons maintenant. Chaque mot qu'on emploie, chaque concept qui est d'usage général, chaque vérité qui semble aller de soi, doit passer par le creuset de l'analyse phénoménologique — analyse que le travailleur accomplit avec un âpre labeur, penché sur le tissu de la vie consciente concrète, sur l'enchevêtrement des « intentiona-lités » qui la composent. Aux notions dont seuls des raisonnements spécieux, hasardeux, non intuitifs ont fait la fortune philosophique, à ce genre de rai-sonnement lui-même qu'on appelle à Fribourg, avec mépris, la construction, les phénoménologues opposent leurs cris de guerre : « A bas les construc-tions », « Allons aux choses elles-mêmes ! » Et lorsqu'il s'agit de notions légitimes, ils veillent à ce qu'on ne les étende pas aux ordres de la réalité qu'elles ne sauraient exprimer. Le phénoménologue essaie de distinguer tout ce qui est susceptible de dis-tinction, sans prendre peur devant la complexité désespérante que révèle un phénomène soi-disant banal, dès que le doigt de l'analyse y touche. « La philosophie est une science des truismes », dit quelque part Edmond Husserl.

Cette ivresse de travail se mêle à la joie et à l'enthousiasme. Pour les jeunes Allemands que j'ai connus à Fribourg, cette nouvelle philosophie est plus qu'une nouvelle théorie, c'est un nouvel idéal de vie, une nouvelle page de l'histoire, presque une nou-velle religion.

Trop grand pour les catégories scientifiques, ce monde retrouvé dans sa fraîcheur par la phénomé-nologie, déborde la scolastique du XIXe siècle. Sa découverte soudaine donne aux jeunes philosophes l'illusion de revivre les temps de la Renaissance. « Les esprits se réveillent. Quelle joie de vivre ! » Cette phrase de Ulrich von Hutten a souvent été le dernier mot de mes longues discussions avec un jeune phénoménologue, grand travailleur, un des mieux doués, un des plus enthousiastes aussi. « Le succès de Spengler, me disait-il, est le succès d'un faux prophète. La preuve c'est la phénoménologie. Nous vivons sous le signe de la phénoménologie : être phénoménologue, c'est remettre toute chose en question, sans que le scepticisme y trouve son compte, c'est croire à une réponse possible, sans l'avoir pour cela toute prête. Seules les époques de création, d'individualité propre et de style personnel reçoivent les dons de l'Esprit qui interroge. L'autre siècle ne rencontrait plus les problèmes ; c'était un siècle sans curiosité, âge stérile d'imitation et d'éclectisme. Le XXᵉ siècle a redécouvert son style : le modernisme en architecture et en peinture, c'est la phénoménologie. On parle souvent de siècles barbares ; je n'en connais qu'un seul : le dix-neuvième ! »

Si les meilleurs esprits sont attirés par la doctrine, les foules sont fascinées par son succès.

C'est en 1900-1901 que M. Edmond Husserl, alors privat-docent à l'université de Halle, publia les « Recherches logiques » *(Logische Untersuchungen)* où, pour la première fois, la nouvelle manière de philosopher trouva son expression. Grand bouleversement : des élèves enthousiastes accourent à Goettingue où le jeune maître enseigne jusqu'en 1916. Alors, d'année en année, la phénoménologie gagne de nouvelles facultés d'Allemagne, et son influence s'étend au-delà de la philosophie à proprement parler, sur l'histoire, la sociologie, la psychologie, la philologie, le droit. Elle s'étend aussi au-delà des frontières allemandes, voire même européennes. (Déjà, en 1911, Victor Delbos parle de Husserl dans la *Revue de métaphysique et de morale*.) En 1916, Husserl se fixe à Fribourg et, après avoir refusé une chaire à l'université de Berlin, il y est demeuré jusqu'à présent.

Je suis arrivé à Fribourg au moment où le maître venait d'abandonner son enseignement régulier, pour se consacrer à la publication de ses nombreux manuscrits. J'ai eu le bonheur d'assister à quelques conférences qu'il faisait de temps en temps devant des auditoires, toujours empressés. Sa chaire a passé à Martin Heidegger, son disciple le plus original, et dont le nom est maintenant la gloire de l'Allemagne. D'une puissance intellectuelle exceptionnelle, son enseignement et ses œuvres donnent la meilleure preuve de la fécondité de la méthode phénoménologique. Mais déjà un succès considérable manifeste son extraordinaire prestige : pour m'assurer une place à son cours qui avait lieu à cinq heures de l'après-midi, dans une des plus grandes salles de l'université, je devais la retenir à dix heures du matin, au plus tard. Au séminaire, où seuls les privilégiés étaient admis, toutes les nations ont été représentées, par des professeurs des facultés, pour la plupart : les Etats-Unis et l'Argentine, le Japon et l'Angleterre, la Hongrie et l'Espagne, l'Italie et la Russie, même l'Australie. En regardant cette brillante assemblée, j'ai compris cet étudiant allemand que j'avais rencontré dans le rapide Berlin-Bâle, lorsque je me rendais à Fribourg. Interrogé sur son lieu de destination, il me répondit sans sourciller :

« Je vais chez le plus grand philosophe du monde. »

NOTES

1. Voir notre livre : *La Théorie de l'intuition dans la phénoménologie de Husserl.* (Bibliothèque de philosophie contemporaine, Paris, Alcan, 1930.)

2. Remarquons que Husserl n'a pas accepté aveuglément le rôle privilégié de l'individuel et du concret et que Martin Heidegger a pu montrer, d'une manière magistrale, comment l'analyse de « l'existence humaine effective » nous conduit dans la dimension philosophique par excellence qu'entrevoyait Aristote lorsqu'il formulait le problème de « l'être en tant qu'être ». Il n'y a pas de *mysticisme du concret* à Fribourg.

IV

LETTRE A PROPOS DE JEAN WAHL

D'après M. Wahl, la philosophie existentielle comporte, *en fait*, un certain nombre de notions d'origine théologique. Kierkegaard les présente comme telles, Heidegger et Jaspers chercheraient à les laïciser. Ces notions n'en jouent pas moins un rôle considérable chez ces philosophes, constituent l'attrait de leur pensée, et en assurent l'attache avec le concret.

On peut se demander si le lien entre la théologie et la philosophie existentielle n'est pas, à la fois, plus profond et — en ce qui concerne Heidegger — moins déterminant pour la philosophie existentielle que M. Wahl ne le dit.

Plus profond, à condition de ne pas limiter la théologie à la dogmatique d'une religion positive quelconque. Les problèmes auxquels la dogmatique fournit des réponses en sont indépendants et apparaissent dès le simple fait de l'existence de l'homme moderne. Exister, c'est pour lui, d'ores et déjà, connaître la solitude, la mort et le besoin du salut. Quand l'âme ignore la consolation de la présence de Dieu, elle a une expérience positive de son absence. Le discours sur Dieu ne perd pas son essence religieuse quand il apparaît comme un « discours sur l'absence de Dieu » ou même comme un silence sur Dieu. Le religieux n'est jamais l'insoupçonné. Ce qui rattache donc la philosophie existentielle à la théologie c'est avant tout son objet même, l'existence, fait sinon théologique du moins religieux.

Mais, d'autre part, sous la forme que la philosophie existentielle revêt chez Heidegger, elle s'éloigne de la théologie aussi loin que possible. Quelle que soit, par ailleurs, la part de la théologie dans la formation intellectuelle de Heidegger, on nous accordera aisément que, pour lui, laïciser une notion ne revient pas à en camoufler l'aspect religieux. La laïcisation doit signifier une opération qui aboutit véritablement à dépasser le point de vue théologique. Dès lors le problème de la relation entre la philosophie de Heidegger et la théologie dépend du sens que prendra cette laïcisation. Le point sur lequel elle s'effectue est, en effet, comme le point névralgique de sa philosophie.

Dans l'attitude théologique on envisage les choses et les êtres d'une manière qu'en termes heideggeriens il conviendra d'appeler *ontique*. On a affaire à *ce* qui est, à des « étant »'s qui accomplissent leur destinée. Ils sont objet de récits. Ils sont traités en individus et font partie d'un drame où nous sommes engagés nous-mêmes. La théologie est essentiellement histoire et mythologie. C'est pourquoi, en matière de théologie, l'*autorité* peut garantir le vrai.

Le grand intérêt de la philosophie heideggerienne consiste à montrer à la base de l'aventure *ontique* de l'homme quelque chose de plus qu'une relation d'« étant » à « étant », la compréhension de l'être, l'ontologie. L'existence humaine comme destinée n'intéresse Heidegger qu'à cause de cette ontologie qu'elle accomplit. Heidegger rompt donc avec la théologie dans l'exacte mesure où il fait la distinction de l'ontique et de l'ontologique (et il le fait avec un radicalisme qui est sans précédent dans l'histoire de la philosophie) et où la transcendance fondamentale s'accomplit pour lui non pas dans le passage d'un « étant » à un autre, mais de l'« étant » vers l'être.

Dans ces conditions, il faudra dire que si Kierkegaard reste théologien, ce n'est pas pour avoir identifié le transcendant à Dieu plutôt qu'à la nature ou au diable, mais pour avoir interprété la transcendance comme le contact avec un « étant ». Si Heidegger renonce à l'au-delà, ce n'est pas que l'*au-delà* serait inconnaissable ou « plus théologique » que l'*ici-bas*, mais que la distinction même de l'au-delà et de l'ici-bas est ontique et postérieure au problème ontologique. Peut-on affirmer que Heidegger fait du péché « la chute dans le domaine de la foule anonyme » ? Ne recherche-t-il pas plutôt la condition ontologique de la chute qui est en fait ontique et dont le péché originel est un cas particulier (*Sein und Zeit*, p. 306, note). Il s'agit toujours de trouver les conditions ontologiques des différentes situations de l'existence effective, de passer de la compréhension ontique et existen*tielle* à la compréhension qu'il appelle ontologique et existen*tiale*. Heidegger voit là en tout cas l'essentiel de sa découverte philosophique. Ce qui, d'après lui (*Sein und Zeit*, p. 235, note), serait resté étranger à Kierkegaard, c'est la position du problème de l'existence en tant que problème existen*tial* (par opposition à existentiel), autrement dit la perspective même de l'ontologie.

V

INTERVENTION DANS
PETITE HISTOIRE DE L'EXISTENTIALISME
DE JEAN WAHL

Je voudrais revenir sur deux questions posées par M. Wahl. La première concerne la définition de l'existentialisme. La seconde est relative à la réflexion faite tout à l'heure sur la notion de la mort : pourquoi la pensée de la mort serait-elle plus révélatrice que la pensée de la vie ? — critique que l'on entend souvent, sous différentes formes, et que je ne veux pas réfuter pour suivre Heidegger, mais que je voudrais situer pour expliquer Heidegger.

Les deux questions que je veux effleurer se tiennent ailleurs.

Vous avez même posé une troisième question : qui est existentialiste ? et vous avez pu retrouver des existentialistes partout. Il y a de l'existentialisme au-delà de Kierkegaard et de Pascal, chez Shakespeare et jusque chez Socrate. Et nulle part : puisque tout le monde se défend de l'être. C'est ce que Husserl appelait la deuxième étape de l'expansion d'une doctrine nouvelle ; pendant la première on crie : c'est absurde ! Pendant la deuxième on s'indigne : mais tout le monde l'a pensé ! Il y a une troisième étape où la doctrine se situe dans son originalité véritable.

Cette multiplication d'une doctrine moderne à travers le passé aboutit heureusement à sa propre négation. Et alors peut-être, il nous faudra reconnaître qu'il n'y a qu'un seul existentialiste ou philosophe de l'existence — et ce seul existentialiste, ce n'est ni Kierkegaard, ni Nietzsche, ni Socrate, ni même — malgré tout le talent déployé — les successeurs de Heidegger. C'est Heidegger lui-même, celui qui récuse le terme.

Pourquoi ? Parce que l'œuvre métaphysique de Heidegger a apporté la lumière à l'aide de laquelle nous pouvons précisément découvrir de l'existentialisme dans la nuit du passé où, paraît-il, il se cachait. Cela est vrai même pour Kierkegaard. Il est possible que derrière chaque phrase de Heidegger il y ait du Kierkegaard ; mais c'est grâce à Heidegger que les propositions de Kierkegaard — pourtant bien connues déjà en Allemagne et auxquelles même en France Henri Delacroix et Victor Basch avaient consacré des études dès le début du siècle — ont rendu un son philosophique. Je veux dire que, avant Heidegger, Kierkegaard était de l'ordre de l'essai, de la psychologie, de l'esthétique, ou de la théologie ou de la littérature et que, après Heidegger, il est devenu de l'ordre de la philosophie.

En quoi a consisté cette transformation, cette œuvre heideggerienne ?

Elle a consisté à ramener les pensées qu'on peut appeler pathétiques, et qui sont effectivement disséminées un peu partout le long de l'histoire, à ces repères, à ces points de référence qui — malgré tout le discrédit que leur vaut leur situation officielle — sont doués d'un pouvoir exceptionnel d'intelligibilité, et qui sont les catégories des professeurs de philosophie : Platon, Aristote, Kant, Hegel, etc. Heidegger a ramené les pensées pathétiques aux catégories des professeurs.

Il ne suffit pas d'ailleurs, pour entrer dans sa pensée, de montrer la cohérence systématique de la pensée heideggerienne, la façon dont s'enchaînent les notions qui commencent à traîner les rues et les cafés — l'angoisse, la mort, la déréliction, les extases du temps, etc. — il faut se demander en remontant vers les catégories — vers la lumière toujours renouvelée qui émane de ces mythes intellectuels — en quoi consiste la catégorie essentielle de l'existentialisme heideggerien qui projette son éclairage particulier sur toutes ces notions par lesquelles les existentialistes décrivent l'homme et qui transforme ces vieilles notions en philosophie nouvelle.

Eh bien ! je pense que le « frisson » philosophique nouveau apporté par la philosophie de Heidegger consiste à distinguer *être* et *étant*, et à transporter dans l'être, la relation, le mouvement, l'efficace qui jusqu'alors résidaient dans l'existant. L'existentialisme, c'est ressentir et penser l'existence — l'être-verbe — comme événement. Evénement qui ne produit pas ce qui existe, qui n'est pas l'action de ce qui existe sur un autre objet. C'est le pur fait d'exister qui est événement. Le fait jusqu'alors pur et inoffensif et tranquille d'exister, ce fait qui, dans la notion aristotélicienne de l'acte, restait cependant serein et égal à lui-même au milieu de toutes les aventures que traversait un étant, qui était transcendant à tout étant, mais n'était pas lui-même l'événement de transcender — ce fait apparaît avec l'existentialisme comme l'aventure elle-même, contient en lui l'histoire même, est articulé dans son instant.

Lorsque Heidegger énonce *l'être-dans-le-monde*, ou *l'être pour la mort* ou *l'être avec les autres* — ce qu'il ajoute de nouveau à notre savoir millénaire de notre présence au monde, de notre mortalité et de notre socialité — c'est que ces prépositions *dans, pour* et *avec* sont dans la racine du verbe être (comme *ex* est dans la racine de l'*ex*ister) ; que ces propositions ne sont pas notre fait à nous existants placés dans ces conditions déterminées ; que, même, elles ne sont mathématiquement contenues, à la Husserl, dans notre nature ou dans notre essence d'existants ; que ce ne sont pas des attributs contingents ou nécessaires de notre substance ; mais qu'elles articulent l'événement d'être, prétendu tranquille, simple, égal à lui-même. On peut dire que l'existentialisme consiste à sentir et à penser que le verbe *être* est transitif.

Lorsque dans ses romans — je n'ai pas encore lu *L'Etre et le Néant* — Sartre met le verbe être en italiques, quand il souligne *suis* dans « je *suis* cette souffrance » ou dans « je *suis* ce néant », c'est cette transivité du verbe être qu'il fait ressortir.

En somme dans la philosophie existentielle, il n'y a plus de copules. Les copules traduisent l'événement même de l'être.

Je pense qu'un certain emploi du verbe être — ce qui ne veut pas dire que je donne à l'être une signification purement verbale — qui correspond à cette transivité, est plus caractéristique de cette philosophie que l'évocation des extases, du souci ou de la mort aussi nietzschéens ou chrétiens par eux-mêmes qu'existentialistes.

Mais les catégories de puissance et d'acte ne suffisent-elles pas à l'expression de cette nouvelle notion de l'existence ? L'existence qui passe à l'acte n'est-elle pas au stade où elle n'est que puissance de cet événement de transition ?

Je ne le crois pas — et c'est ici que j'ai l'occasion de répondre à la deuxième question de M. Jean Wahl : pourquoi Heidegger a choisi la mort plutôt que l'espoir, par exemple, pour caractériser l'existence ?

Une puissance qui passe à l'acte : elle est le moins « par rapport à » cette existence tranquille, se possédant entièrement et située en dehors de l'existence et des événements. Par là même, son existence est sa réalisation, une perte constante de ce qui fait d'elle une simple possibilité. La réalisation de la puissance est un événement de neutralisation.

Pour que la puissance constitue inévitablement l'être, pour que l'être soit inévitablement événement, il faut que la puissance se définisse autrement que par une référence à l'acte, qu'elle soit en dehors de la finalité. Il faut que l'événement de l'existence soit

99

autre chose que la réalisation d'un but préexistant en quelque manière. Alors Heidegger dit : un tel événement c'est la mort. Réaliser la possibilité de la mort, c'est réaliser l'impossibilité de toute réalisation — être dans le possible comme tel et non pas dans un possible « image de l'éternité immobile » ! On peut encore dire que pour être dans le possible, Heidegger remplace la finalité par la relation avec une fin (au sens ordinaire du terme et non pas au sens de but).

Il faut à Heidegger une possibilité qui ne soit pas la conséquence ou le précurseur de l'acte, et alors il détache la notion de la possibilité de la notion de l'acte. Ce qui permet à la possibilité de rester toujours possibilité, si bien qu'au moment où elle est épuisée, c'est la mort. De sorte que la notion de la mort permet à la possibilité d'être pensée et saisie en tant que possibilité : elle fait partie de cette intuition fondamentale comme événement de l'existence. Je ne sais pas si vous êtes d'accord.

L'existence se produit de telle manière que l'être s'élance déjà vers la mort, et cette manière de s'élancer vers la mort est, pour lui, une possibilité par excellence. Parce que toutes les autres possibilités s'accomplissent et deviennent actes, tandis que la mort devient la non-réalité, le non-être. C'est dans ce sens-là qu'il dit que la mort est la possibilité de l'impossibilité.

SARTRE, L'EXISTENTIALISME,
L'HISTOIRE

VI

EXISTENTIALISME ET ANTISÉMITISME

La conférence que Jean-Paul Sartre a donnée à la Salle de la Chimie le 3 juin dernier, sous les auspices de l'*Alliance*, reprenait les idées principales du philosophe sur la question juive. Les *Cahiers* en reproduisent plus loin de larges extraits. La diffusion du récent livre de Sartre, *Réflexions sur la question juive*, l'accueil fait à ce livre dans la presse juive avaient certainement préparé le public à cette soirée dont la personne du conférencier a constitué cependant le principal attrait. Aux pages imprimées cette présence a ajouté un accent inimitable.

Il est évidemment très agréable quand on est juif — authentique ou non — de s'entendre dire par un homme du talent et du format de Sartre des vérités aimables qui cependant n'avaient pas été dites pour flatter. On ne reste pas insensible quand l'antisémitisme se trouve ramené à sa signification métaphysique et que votre lutte quotidienne vous apparaît comme le combat avec le mal lui-même. Nous le sentions tous depuis longtemps, mais n'en connaissions jamais, avec autant de précision, les raisons.

Je sais certes en quoi la conception de Sartre fixant le destin juif en fonction de l'antisémitisme peut décevoir. Un peu maladroitement, mais avec sincérité cela avait été dit par tous ceux qui ne tiennent pas leur judaïsme des antisémites, bien qu'il soit difficilement concevable que la conscience juive soit étrangère à la situation faite au judaïsme et que son essence métaphysique diffère de son être historique. Mais je n'insisterai pas ici sur la philosophie du judaïsme que cette observation appelle. Pour tous ceux qui côtoient l'antisémitisme depuis longtemps, il y a dans la conférence de Sartre quelque chose d'autre encore que les thèses et les conclusions.

Le trait le plus frappant du combat mené par Sartre réside moins dans la victoire qu'il remporte que dans les armes qu'il emploie. Elles sont absolument nouvelles. L'antisémitisme est attaqué avec des arguments existentialistes. Ce n'est pas seulement un événement pour les habitués du *Café de Flore*. Si l'on se rend compte que l'existentialisme est plus qu'une philosophie à la mode et qu'il tient dans son essence la plus générale à la structure et à l'angoisse du monde moderne, les réflexions de Sartre ramènent le problème juif, des horizons dépassés où on le situe souvent, sur les hauteurs mêmes où se déroule la vraie, la terrible et la passionnante histoire du XXe siècle. L'anachronisme est fini.

Comment se posait jusqu'alors le problème de l'émancipation juive ? Sartre l'a très bien dit lui-même : elle coïncidait avec une vision analytique de la société. La personne humaine serait indépendante de son milieu, de sa naissance, de sa religion, de sa condition sociale. Atome spirituel, elle entrerait dans diverses combinaisons en y conservant sa dignité de personne égale à la dignité de toutes les autres personnes munies de droits imprescriptibles et sacrés. Au nom de cette indépendance, il fallait condamner la partialité antisémite. Conception inspirée certes par la tradition judéo-chrétienne, mais pensée de nos jours en termes rationalistes des XVIIe et XVIIIe siècles.

En effet, pour que l'homme puisse ne pas être affecté par les particularités de sa condition concrète, il faut que toutes ses attaches avec le monde soient, en fin de compte, des connaissances.

104

De tout ce qui m'arrive j'ai conscience et, par là, je suis déjà en dehors de ce qui m'arrive. Il n'existe pas pour moi de situation particulière, car toute situation est illuminée par ma pensée et, par là même, je suis déjà sorti de cette situation. L'irrationnel, le mystère, le social, l'historique, le matériel sont, à la rigueur, des inconnues, mais sont posés en termes de connaissances, pesées avec les poids du savoir ; pensées obscures, mais pensées.

A cela, le monde moderne oppose un sentiment foncièrement anticartésien et antispinoziste. La pensée humaine est élaborée par les phénomènes historiques, sociaux, économiques. Nous y sommes implantés, mais nos racines ne sont pas des pensées. Dans un mémoire que l'Unesco a récemment adressé en consultation aux philosophes en vue de la préparation d'un rapport à l'O.N.U. sur les droits de l'homme — on insiste sur une espèce d'antinomie où tombe la raison quand elle essaie de préciser les droits de l'homme : la liberté de la personne est inconcevable sans la libération économique, mais l'organisation de la liberté économique n'est pas possible sans l'asservissement provisoire, mais d'une durée indéterminée, de la personne morale.

La philosophie générale de Sartre n'est qu'une tentative de penser l'homme, en englobant dans sa spiritualité sa situation historique, économique et sociale, sans en faire un simple objet de pensée. Elle reconnaît à l'esprit des engagements qui ne sont pas des savoirs. Des engagements qui ne sont pas des pensées — voilà l'existentialisme !

Mais parce que, pour la première fois, l'existentialisme apporte les instruments intellectuels pour comprendre ces engagements autrement que comme une matérialité, il peut s'opposer à l'antisémitisme. Jusqu'alors les penseurs qui contestaient l'indépendance de l'homme à l'égard de sa situation concrète lui contestaient les droits de l'homme et professaient l'antisémitisme. Tous ces historiens de l'appartenance, les Maurras et les Alphonse de Chateaubriant, les Giono et les La Varende, les poètes du terroir et de la violence, tous ces épigones de Nietzsche avaient beau jeu. Un monde torturé et déséquilibré leur conférait une autorité, même quand il les désavouait du bout des lèvres ou quand il versait son sang pour les réduire au silence.

Les persécutés cherchaient jusqu'alors vainement protection auprès de Descartes et de Spinoza, eux-mêmes débordés par une civilisation où des relations imprévues surgirent. On n'osait pas se détacher de leurs vérités, consacrées comme l'essence même de l'humanisme. L'existence d'un humanisme existentialiste, c'est-à-dire — toute dogmatique d'école, même moderne, mise à part — d'un humanisme intégrant les expériences fondamentales du monde moderne — voilà l'apport essentiel de Sartre à notre cause, à la cause de l'homme.

VII

LA RÉALITÉ ET SON OMBRE

ART ET CRITIQUE

On admet généralement comme un dogme que la fonction de l'Art consiste à exprimer et que l'expression artistique repose sur une connaissance. L'artiste dit : même le peintre, même le musicien. Il dit l'ineffable. L'œuvre prolonge et dépasse la perception vulgaire. Ce que celle-ci banalise et manque, celle-là, coïncidant avec l'intuition métaphysique, le saisit dans son essence irréductible. Là où le langage commun abdique, le poème ou le tableau parle. Ainsi l'œuvre, plus réelle que la réalité, atteste la dignité de l'imagination artistique qui s'érige en savoir de l'absolu. Décrié comme canon esthétique, le réalisme conserve tout son prestige. En fait, on ne le renie qu'au nom d'un réalisme supérieur. Surréalisme est un superlatif.

La critique, elle-même, professe ce dogme. Elle entre dans le jeu de l'artiste avec tout le sérieux de la science. Elle étudie, à travers les œuvres, la psychologie, les caractères, les milieux, les paysages. Comme si, dans l'événement esthétique, un objet était livré par le microscope — ou le télescope — de la vision artistique à la curiosité du chercheur. Mais, à côté de l'art difficile, la critique semble dès lors mener une existence de parasite. Un fond de réalité, pourtant inaccessible à l'intelligence conceptuelle, devient sa proie. Ou bien la critique se substitue à l'art. Interpréter Mallarmé, n'est-ce pas le trahir ? L'interpréter fidèlement, n'est-ce pas le supprimer ? Dire clairement ce qu'il dit obscurément, c'est révéler la vanité de son parler obscur.

La critique comme fonction distincte de la vie littéraire, la critique experte et professionnelle, se manifestant comme rubrique du journal, de la revue, ou comme livre, peut certes paraître suspecte et sans raison d'être. Mais il y a sa source dans l'esprit de l'auditeur, du spectateur, du lecteur ; il y a la critique comme comportement même du public. Non content de s'absorber dans la jouissance esthétique, le public éprouve un besoin irrésistible de parler. Qu'il y ait à dire quelque chose du côté public, quand l'artiste se refuse à dire de l'œuvre autre chose que cette œuvre même — qu'on ne puisse pas contempler en silence — justifie le critique. On peut le définir : l'homme qui a encore à dire quelque chose quand tout a été dit ; qui peut dire de l'œuvre autre chose que cette œuvre.

On est donc en droit de se demander si véritablement l'artiste connaît et parle. Dans une préface ou dans un manifeste — certes ; mais il est alors public lui-même. Si l'art n'était originellement ni langage, ni connaissance — si, par là, il se situait en dehors de l'« être au monde », coextensif à la vérité — la critique se trouverait réhabilitée. Elle marquerait l'intervention nécessaire de l'intelligence pour intégrer dans la vie humaine et dans l'esprit l'inhumanité et l'inversion de l'art.

Peut-être la tendance à saisir le phénomène esthétique dans la littérature — là où la parole fournit la matière à l'artiste — explique-t-elle le dogme contemporain de la connaissance par l'art. On n'a pas toujours égard à la transformation même que la parole subit en littérature. L'art-parole, l'art-connaissance, amène dès lors ce problème de l'art engagé, qui se confond avec celui d'une littérature engagée.

On sous-estime l'achèvement, sceau indélébile de la production artistique, par lequel l'œuvre demeure essentiellement dégagée ; l'instant suprême où le dernier coup de pinceau est donné, où il n'y a plus un mot à ajouter, ni un mot à retrancher au texte et par lequel toute œuvre est classique. Achèvement distinct de l'interruption pure et simple qui limite le langage, les œuvres de la nature, de l'industrie. Encore qu'on puisse se demander si on ne doit pas reconnaître un élément d'art à l'œuvre artisanale elle-même, à toute œuvre humaine, commerciale et diplomatique dans la mesure où, en plus de sa parfaite adaptation à son but, elle porte le témoignage de son accord avec un je ne sais quel destin extrinsèque au cours des choses, et qui la place en dehors du monde, comme le passé à jamais révolu des ruines, comme l'insaisissable étrangeté de l'exotique. L'artiste s'arrête, parce que l'œuvre se refuse à recevoir quelque chose de plus, paraît saturée. L'œuvre s'achève *malgré* les causes d'interruption — sociales ou matérielles. Elle ne se donne pas pour un commencement de dialogue.

Cet achèvement ne justifie pas nécessairement l'esthétique académique de l'art pour l'art. Fausse formule, dans la mesure où elle situe l'art *au-dessus* de la réalité et ne lui reconnaît pas de maître ; immorale dans la mesure où elle libère l'artiste de ses devoirs d'homme et lui assure une prétentieuse et facile noblesse. Mais l'œuvre ne relèverait pas de l'art, si elle n'avait pas cette structure formelle d'achèvement, si par là du moins, elle n'était pas dégagée. Il faut seulement s'entendre sur la valeur de ce dégagement et, avant tout, sur sa signification. Se dégager du monde, est-ce toujours aller *au-delà*, vers la région des idées platoniciennes et vers l'éternel qui dominent le monde ? Ne peut-on pas parler d'un dégagement *en deçà* ? D'une interruption du temps par un mouvement allant en deçà du temps, dans ses « interstices » ?

Aller au-delà, c'est communiquer avec les idées,

comprendre. La fonction de l'art ne consiste-t-elle pas à ne pas comprendre ? L'obscurité ne lui fournit-elle pas son élément même et un achèvement *sui generis*, étranger à la dialectique et à la vie des idées ? — Dira-t-on alors que l'artiste connaît et exprime l'obscurité même du réel ? Mais cela débouche sur une question bien plus générale à laquelle tout ce propos sur l'art se subordonne : en quoi consiste la *non-vérité* de l'être ? Se définit-elle toujours, par rapport à la vérité, comme un résidu du *comprendre ?* Le commerce avec l'obscur, comme événement ontologique totalement indépendant, ne décrit-il pas des catégories irréductibles à celles de la connaissance ? Nous voudrions montrer dans l'art cet événement. Il ne connaît pas un type particulier de réalité — il tranche sur la connaissance. Il est l'événement même de l'obscurcissement, une tombée de la nuit, un envahissement de l'ombre. Pour le dire en des termes théologiques qui permettent de délimiter — quoique grossièrement — les idées par rapport aux conceptions courantes, l'art n'appartient pas à l'ordre de la révélation. Ni, d'ailleurs, à celui de la création dont le mouvement se poursuit dans un sens exactement inverse.

L'IMAGINAIRE, LE SENSIBLE, LE MUSICAL

Le procédé le plus élémentaire de l'art consiste à substituer à l'objet son image. Image et non point concept. Le concept est l'objet *saisi*, l'objet intelligible. Déjà par l'action, nous entretenons avec l'objet réel une relation vivante, nous le saisissons, nous le concevons. L'image neutralise cette relation réelle, cette conception originelle de l'acte. Le fameux désintéressement de la vision artistique — auquel s'arrête d'ailleurs l'analyse courante de l'esthétique — signifie, avant tout, une cécité à l'égard des concepts.

Mais le désintéressement de l'artiste mérite à peine

ce nom. Il exclut précisément la liberté que la notion du désintéressement implique. A parler rigoureusement, il exclut aussi l'asservissement qui suppose liberté. L'image n'engendre pas, comme la connaissance scientifique et la vérité, une *conception* — ne comporte pas le « laisser être », le *Sein-lassen* de Heidegger où s'effectue la transmutation de l'objectivité en pouvoir. L'image marque une emprise sur nous, plutôt que notre initiative : une passivité foncière. Possédé, inspiré, l'artiste, dit-on, écoute une muse. L'image est musicale. Passivité directement visible dans la magie, du chant, de la musique, de la poésie. La structure exceptionnelle de l'existence esthétique amène ce terme singulier de magie, qui nous permettra de préciser et de concrétiser la notion, un peu usée, de passivité.

L'idée de rythme, que la critique d'art invoque si fréquemment, tout en la laissant à l'état de vague notion suggestive et passe-partout, indique la façon dont l'ordre poétique nous affecte plutôt qu'une loi interne de cet ordre. De la réalité se dégagent des ensembles fermés dont les éléments s'appellent mutuellement comme les syllabes d'un vers, mais qui ne s'appellent qu'en s'imposant à nous. *Mais ils s'imposent à nous sans que nous les assumions.* Ou plutôt, notre consentement à eux s'invertit en participation. Ils entrent en nous ou nous entrons en eux, peu importe. Le rythme représente la situation unique où l'on ne puisse parler de consentement, d'assomption, d'initiative, de liberté — parce que le sujet en est saisi et emporté. Il fait partie de sa propre représentation. Pas même *malgré lui,* car dans le rythme il n'y a plus de *soi,* mais comme un passage de soi à l'anonymat. C'est cela l'ensorcellement ou l'incantation de la poésie et de la musique. Un mode d'être auquel ne s'appliquent ni la forme de conscience, puisque le moi s'y dépouille de sa prérogative d'assomption, de son pouvoir ; ni la forme de l'inconscient, puisque toute la situation et toutes ses articulations, dans une obscure clarté, sont *pré-*

sentes. Rêve éveillé. Ni l'habitude, ni le réflexe, ni l'instinct ne se tiennent dans cette clarté. L'automatisme particulier de la marche ou de la danse au son de la musique est un mode d'être où rien n'est inconscient, mais où la conscience, paralysée dans sa liberté, joue, tout absorbée dans ce jeu. Ecouter la musique est, dans un sens, se retenir de danser ou de marcher. Le mouvement, le geste importent peu. Il serait plus juste de parler d'intérêt que de désintéressement à propos de l'image. Elle est intéressante, sans aucun esprit d'utilité, au sens d'« entraînante ». Au sens étymologique : être *parmi* les choses qui, cependant, n'auraient dû avoir que rang d'objets. « Parmi les choses », distinct de l'« être-au-monde » heideggerien, il constitue le pathétique du monde imaginaire du rêve : le sujet est parmi les choses, non seulement par son épaisseur d'être, exigeant un « ici », un « quelque part » et conservant sa liberté ; il est parmi les choses, comme chose, comme faisant partie du spectacle, extérieur à lui-même ; mais d'une extériorité qui n'est pas celle d'un corps, puisque la douleur de ce moi-acteur, c'est moi-spectateur qui la ressens, sans que ce soit par compassion. Extériorité de l'intime, en vérité. Il est étonnant que l'analyse phénoménologique n'ait jamais cherché à tirer parti de ce paradoxe fondamental du rythme et du rêve qui décrit une sphère située en dehors du conscient et de l'inconscient et dont l'ethnographie a montré le rôle dans tous les rites extatiques ; il est étonnant qu'on en soit resté aux métaphores de phénomènes « idéo-moteurs » et à l'étude du prolongement des sensations en actions. C'est en pensant à ce renversement du pouvoir en participation que nous allons employer ici les termes de rythme et de musical.

Il faut donc les détacher des arts sonores où on les envisage exclusivement et les ramener à une catégorie esthétique générale. La place privilégiée du rythme se trouve, certes, dans la musique, car l'élément du musicien réalise, dans la pureté, la déconceptualisation de la réalité. Le son est la qualité la plus détachée de l'objet. Son rapport avec la substance dont il émane ne s'inscrit pas dans sa qualité. Il résonne impersonnellement. Même son timbre, trace de son appartenance à l'objet, se noie dans sa qualité et ne conserve pas sa structure de relation. Aussi, en écoutant, ne saisissons-nous pas un « quelque chose », mais sommes sans concepts : la musicalité appartient au son naturellement. Et, en effet, parmi toutes les classes d'images que la psychologie traditionnelle distingue, l'image du son s'apparente le plus au son réel. Insister sur la musicalité de toute image, c'est voir dans l'image son détachement à l'égard de l'objet, son indépendance à l'égard de la catégorie de substance que l'analyse de nos manuels prête à la sensation pure, encore non convertie en perception — à la sensation adjectif — et qui, pour la psychologie empirique, demeure comme un cas limite, comme une donnée purement hypothétique.

Tout se passe comme si la sensation, pure de toute conception, cette fameuse sensation insaisissable pour l'introspection, apparaissait avec l'image. La sensation n'est pas un résidu de la perception, mais une fonction propre : l'emprise qu'exerce sur nous l'image — une fonction de rythme. L'être-au-monde, comme on le dit aujourd'hui, est une existence avec concepts. La sensibilité se pose comme un événement ontologique distinct, mais ne s'accomplit que par l'imagination.

Si l'art consiste à substituer l'image à l'être — l'élément esthétique est, conformément à son étymologie, la sensation. L'ensemble de notre monde, avec ses données et élémentaires et intellectuellement élaborées, peut nous toucher musicalement, devenir image. C'est pourquoi, l'art classique attaché à l'objet, tous ces tableaux, toutes ces statues représentant *quelque chose*, tous ces poèmes qui reconnaissent la syntaxe et la ponctuation, ne se conforment pas moins à l'essence véritable de l'art que les œuvres modernes qui se prétendent musique pure, peinture pure, poésie pure, sous prétexte de chasser les objets du monde des sons, des couleurs, des mots où elles nous introduisent ; sous prétexte de briser la représentation. L'objet représenté, par le simple fait de devenir image, se convertit en non-objet ; l'image, comme telle, entre dans des catégories originales que nous voudrions exposer ici. La désincarnation de la réalité par l'image n'équivaut pas à une simple diminution de degré. Elle ressort d'une dimension ontologique qui ne s'étend pas entre nous et une réalité à saisir mais là où le commerce avec la réalité est un rythme.

RESSEMBLANCE ET IMAGE

La phénoménologie de l'image insiste sur sa transparence. L'intention de celui qui contemple l'image irait directement à travers l'image, comme à travers une fenêtre, dans le monde qu'elle représente, mais viserait un *objet*. Rien d'ailleurs de plus mystérieux que ce terme « monde qu'elle représente » — puisque la représentation n'exprime précisément que la fonction de l'image qu'il s'agit encore de déterminer.

Théorie de la transparence établie par réaction contre celle de l'image mentale — tableau intérieur — que laisserait en nous la perception de l'objet. Notre regard dans l'imagination va donc toujours dehors, mais l'imagination modifie ou neutralise ce regard : le monde réel y apparaît en quelque manière entre parenthèses ou entre guillemets. Le problème consiste à préciser le sens de ces procédés d'écriture. Le monde imaginaire se présenterait comme irréel — mais peut-on dire davantage de cette irréalité ?

Par quoi l'image diffère-t-elle du symbole ou du signe ou du mot ? Par la manière même dont elle se rapporte à son objet : par la ressemblance. Mais cela suppose un arrêt de la pensée sur l'image elle-même et, par conséquent, une certaine opacité de l'image. Le signe, lui, est transparence pure, ne comptant en aucune façon par lui-même. Faut-il donc en revenir à l'image comme réalité indépendante qui ressemble à l'original ? Non, mais à condition de poser la ressemblance, non pas comme le résultat d'une comparaison entre l'image et l'original, mais comme le mouvement même qui engendre l'image. La réalité ne serait pas seulement ce qu'elle est, ce qu'elle se dévoile dans la vérité, mais aussi son double, son ombre, son image.

L'être n'est pas seulement lui-même, il s'échappe. Voici une personne qui est ce qu'elle est ; mais elle ne fait pas oublier, n'absorbe pas, ne recouvre pas entièrement les objets qu'elle tient et la manière dont elle les tient, ses gestes, ses membres, son regard, sa pensée, sa peau, qui s'échappent de sous l'identité de sa substance, incapable, comme un sac troué, de les contenir. Et c'est ainsi que la personne porte sur sa face, à côté de son être avec lequel elle coïncide, sa propre caricature, son pittoresque. Le pittoresque est toujours légèrement caricature. Voici une chose familière, quotidienne, adaptée parfaitement à la main qui en a l'habitude — mais ses qualités, sa couleur, sa forme, sa position restent à la fois comme en arrière de son être, comme des « nippes » d'une âme qui s'est retirée de cette chose, comme une « nature morte ». Et cependant tout cela est la personne, est la chose. Il y a donc dans cette personne, dans cette chose une dualité, une dualité dans son être. Elle est ce qu'elle est et elle est étrangère à elle-même et il y a un rapport entre ces deux moments. Nous dirons que la chose est elle-même et est son image. Et que ce rapport entre la chose et son image est la ressemblance.

La situation voisine avec celle que réalise la fable. Ces animaux qui figurent des hommes donnent à la fable sa couleur propre parce qu'ils sont vus *comme* ces animaux et non pas *à travers* les animaux seulement ; parce que les animaux arrêtent et remplissent la pensée. Toute la puissance de l'allégorie, toute son originalité est là. L'allégorie n'est pas un simple auxiliaire de la pensée, une façon de rendre concrète et populaire une abstraction pour esprits enfantins, le symbole du pauvre. C'est un commerce ambigu avec la réalité où celle-ci ne se réfère pas à elle-même, mais à son reflet, à son ombre. L'allégorie représente, par conséquent, ce qui dans l'objet lui-même le double. L'image, peut-on dire, est l'allégorie de l'être.

L'être est ce qu'il est, ce qu'il se révèle dans sa vérité et, à la fois, il se ressemble, est sa propre image. L'original s'y donne comme s'il était à distance de soi, comme s'il se retirait, comme si quelque chose dans l'être retardait sur l'être. La conscience de l'absence de l'objet qui caractérise l'image n'équivaut pas à une simple neutralisation de la thèse, comme le veut Husserl, mais à une altération de l'être même de l'objet, une altération telle que ses formes essentielles apparaissent comme un accoutrement qu'il abandonne en se retirant. Contempler une image, c'est contempler un tableau. C'est à partir de la phénoménologie du tableau qu'il faut comprendre l'image et non pas inversement.

Le tableau a, dans la vision de l'objet représenté, une épaisseur propre : il est lui-même objet du regard. La conscience de la représentation consiste à savoir que l'objet n'est pas là. Les éléments perçus ne sont pas l'objet, mais comme ses « nippes », taches de couleur, morceaux de marbre ou de bronze. Ces éléments ne servent pas de symboles et, dans l'absence de l'objet, ils ne forcent pas sa présence, mais, par leur présence, insistent sur son absence. Ils occupent entièrement sa place pour marquer son éloignement, comme si l'objet représenté mourait, se dégradait, se désincarnait dans son propre reflet. Le tableau ne nous conduit donc pas au-delà de la réalité donnée, mais, en quelque manière, en deçà. Il est symbole à rebours. Libre au poète et au peintre qui a découvert le « mystère » et « l'étrangeté » du monde qu'il habite tous les jours de croire qu'il a dépassé le réel. Le mystère de l'être n'est pas son mythe. L'artiste se meut dans un univers qui précède — nous dirons plus loin dans quel sens — le monde de la création, dans un univers que l'artiste a déjà dépassé par sa pensée et ses actes quotidiens.

L'idée d'ombre ou de reflet à laquelle nous avons recours — d'une doublure essentielle de la réalité par son image, d'une ambiguïté « en deçà » — s'étend à la lumière elle-même, à la pensée, à la vie intérieure. La réalité tout entière porte sur sa face sa propre allégorie en dehors de sa révélation et de sa vérité. L'art, en utilisant l'image, ne reflète pas seulement, mais accomplit cette allégorie. En lui l'allégorie s'introduit dans le monde comme par la connaissance s'accomplit la vérité. Deux possibilités contemporaines de l'être. A côté de la simultanéité de l'idée et de l'âme — c'est-à-dire de l'être et de son dévoilement — qu'enseigne le *Phédon*, il y a simultanéité de l'être et de son reflet. L'absolu, à la fois, se révèle à la raison et se prête à une espèce d'érosion, extérieure à toute causalité. La non-vérité n'est pas un résidu obscur de l'être, mais son caractère sensible même par lequel il y a dans le monde ressemblance et image. Par la ressemblance, le monde platonicien du devenir est un monde moindre, d'apparences seulement. En tant que dialectique de l'être et du néant, le devenir apparaît bel et bien, depuis le *Parménide*, dans le monde des Idées. C'est en qualité d'imitation que la participation engendre des ombres et tranche sur la participation des Idées les unes aux autres, qui se révèle à l'intelligence. — La discussion sur le primat de l'art ou de la nature — l'art imite-t-il la nature ou la beauté naturelle imite-t-elle l'art ? — méconnaît la simultanéité de la vérité et de l'image.

La notion de l'ombre permet donc de situer dans l'économie générale de l'être celle de la ressemblance. La ressemblance n'est pas la participation de l'être à une idée — dont d'ailleurs l'antique argument du troisième homme montre l'inanité —, elle est la structure même du sensible comme tel. Le sensible — c'est l'être dans la mesure où il se ressemble, où, en dehors de son œuvre triomphale d'être, il jette une ombre, dégage cette essence obscure et insaisissable, cette essence fantomatique que rien ne permet d'identifier avec l'essence révélée dans la vérité. Il n'y a pas d'abord image — vision neutralisée de l'objet — qui, ensuite, diffère du signe et du symbole par sa ressemblance avec l'original : la neutralisation de la position dans l'image est précisément cette ressemblance.

La transdescendance dont parle Jean Wahl, séparée de la signification éthique qu'elle revêt chez lui, prise dans un sens rigoureusement ontologique, peut caractériser ce phénomène de dégradation ou d'érosion de l'absolu qui nous est apparu dans l'image et dans la ressemblance.

L'ENTRETEMPS

Dire que l'image est une ombre de l'être ne serait, à son tour, qu'une métaphore, si on ne montrait pas où se situe l'en-deçà dont nous parlons. Parler d'inertie ou de mort ne nous avancerait guère, car il faudrait au préalable dire la signification ontologique de la matérialité elle-même.

Nous avons envisagé l'image comme la caricature, l'allégorie ou le pittoresque que la réalité porte sur sa propre face. Toute l'œuvre de Giraudoux accomplit cette mise en images de la réalité avec un esprit de suite qui n'a pas été apprécié, malgré toute la gloire de Giraudoux, à sa juste valeur. Mais jusqu'alors, nous semblions baser notre conception sur une fêlure dans l'être entre lui et son essence, qui ne colle pas à lui, qui le masque et le trahit. Ce qui ne permet en réalité que d'approcher du phénomène qui nous préoccupe. L'art dit classique — l'art de l'Antiquité et de ses imitateurs — l'art des formes idéales — corrige la caricature de l'être — le nez camus, le geste sans souplesse. La beauté — c'est l'être dissimulant sa caricature, recouvrant ou absorbant son ombre. L'absorbe-t-il complètement ? Il ne s'agit pas de se demander si les formes parfaites de l'art grec peuvent être encore plus parfaites, ni si elles semblent parfaites sous toutes les latitudes. La caricature insurmontable de l'image la plus parfaite se manifeste dans sa stupidité d'idole. L'image comme idole nous amène à la signification ontologique de son irréalité. Cette fois-ci, l'œuvre d'être elle-même, *l'exister* lui-même de l'être se double d'un semblant d'exister.

Dire que l'image est idole — c'est affirmer que toute image est, en fin de compte, plastique et que toute œuvre d'art est, en fin de compte, statue — un arrêt du temps ou plutôt son retard sur lui-même. Mais il importe de montrer dans quel sens il s'arrête ou retarde et dans quel sens l'exister de la statue est un semblant de l'exister de l'être.

La statue réalise le paradoxe d'un instant qui dure sans avenir. L'instant n'est pas réellement sa durée. Il ne se donne pas ici comme l'élément infinitésimal de la durée — instant d'un éclair — il a, à sa façon, une durée quasi éternelle. — Nous ne pensons pas seulement à la durée de l'œuvre elle-même en tant qu'objet, à la permanence des écrits dans les bibliothèques et des statues dans les musées. A l'intérieur de la vie ou plutôt de la mort de la statue, l'instant dure infiniment : éternellement Laocoon sera pris dans l'étreinte des serpents, éternellement la Joconde sourira. Eternellement l'avenir qui s'annonce dans les muscles tendus de Laocoon ne saura devenir présent. Eternellement le sourire de la Joconde, qui va s'épanouir, ne s'épanouira pas. Un avenir éternellement suspendu flotte autour de la position figée de la statue comme un avenir à jamais avenir. L'imminence de l'avenir dure devant un instant privé de la caractéristique essentielle du présent qu'est son évanescence. Il n'aura jamais accompli sa tâche de présent, comme si la réalité se retirait de sa propre réalité et la laissait sans pouvoir. Situation où le présent ne peut rien assumer, ne peut rien prendre sur lui — et, par là, instant impersonnel et anonyme.

L'instant immobile de la statue tire toute son acuité de sa non-indifférence à l'égard de la durée. Il ne ressort pas de l'éternité. Mais ce n'est pas non plus comme si l'artiste n'avait pas pu lui donner la vie. Seulement la vie de l'œuvre ne dépasse pas la limite de l'instant. L'œuvre ne réussit pas — est mauvaise — lorsqu'elle n'a pas cette aspiration à la vie qui a ému Pygmalion. Mais ce n'est qu'une aspiration. L'artiste a donné à la statue une vie sans vie. Une vie dérisoire qui n'est pas maîtresse d'elle-même, une caricature de vie. Une présence qui ne se recouvre pas elle-même et qui se déborde de tous côtés, qui ne tient pas en main les fils de la marionnette qu'elle est. On peut fixer son attention sur ce qu'il y a de marionnette dans les personnages d'une tragédie et rire à la Comédie-Française. *Toute image est déjà caricature.* — Mais cette caricature tourne au tragique. Il appartient certes au même homme d'être poète comique et poète tragique ; ambiguïté qui constitue la magie particulière des poètes comme Gogol, Dickens, Tchekhov — et Molière, et Cervantès, et, par-dessus tout, Shakespeare.

Ce présent, impuissant à forcer l'avenir, est le destin lui-même, ce destin réfractaire à la volonté des dieux païens, plus fort que la nécessité rationnelle des lois naturelles. Le destin ne pointe pas dans la nécessité universelle. Nécessité dans un être libre, retournement de la liberté en nécessité, leur simultanéité, une liberté qui se découvre prisonnière, — le destin ne trouve pas de place dans la vie. Le conflit entre liberté et nécessité dans l'action humaine, apparaît à la réflexion : lorsque l'action sombre déjà dans le passé, l'homme découvre les motifs qui la nécessitaient. Mais une antinomie n'est pas une tragédie. Dans l'instant de la statue, — dans son avenir éternellement suspendu — le tragique — simultanéité de la nécessité et de la liberté — peut s'accomplir : le pouvoir de la liberté se fige en impuissance. Et là encore il convient de rapprocher art et rêve : l'instant de la statue est le cauchemar. Non point que l'artiste représente des êtres accablés par le destin, les êtres entrent dans leur destin parce qu'ils sont représentés. Ils s'enferment dans leur destin — mais c'est précisément cela l'œuvre de l'art, événement de l'obscurcissement de l'être, parallèle à sa révélation, à sa vérité. Non point que l'œuvre d'art reproduise un temps arrêté : dans l'économie générale de l'être, l'art est le mouvement de la chute en deçà du temps, dans le destin. Le roman n'est pas, comme le pense M. Pouillon, une manière de reproduire le temps — il a son temps propre —, il est une façon unique pour le temps de se temporaliser.

Dès lors, on comprend que le temps apparemment introduit dans l'image par les arts non plastiques, comme la musique, la littérature, le théâtre et le cinéma, n'ébranle pas la fixité de l'image. Que les personnages dans le livre soient voués à la répétition infinie de mêmes actes et de mêmes pensées ne relève pas simplement du fait contingent du récit, extérieur à ces personnages. Ils peuvent être racontés parce que leur être se *ressemble*, se double et s'immobilise. Fixité toute différente du concept, lequel amorce la vie, offre la réalité à nos pouvoirs, à la vérité, ouvre une dialectique. Par son reflet dans le récit, l'être a une fixité non dialectique, arrête la dialectique et le temps.

Les personnages du roman — êtres enfermés, prisonniers. Leur histoire n'est jamais finie, elle dure encore, mais n'avance pas. Le roman enferme les êtres dans un destin malgré leur liberté. La vie sollicite le romancier quand elle lui apparaît comme si elle sortait déjà d'un livre. Un je ne sais quoi d'achevé surgit en elle, comme si toute une suite de faits s'immobilisaient et formaient série. On les décrit entre deux moments bien déterminés, l'espace d'un temps où l'existence avait traversé comme un tunnel. Les événements racontés forment une *situation* — s'apparentent à un idéal plastique. Le mythe — c'est cela : la plasticité d'une histoire. Ce qu'on appelle le choix de l'artiste traduit la sélection naturelle des faits et des traits qui se fixent en un rythme, transforment le temps en image.

Cet aboutissement plastique de l'œuvre littéraire a été noté par Proust dans une page de *La Prisonnière* particulièrement admirable. En parlant de Dostoïevski, il n'en retient ni les idées religieuses, ni la métaphysique, ni la psychologie, mais quelques profils de jeunes filles, quelques images : la maison du crime avec son escalier et son *dvornik* de *Crime et Châtiment*, la silhouette de Grouchenka des *Frères Karamazoff*. C'est à croire que l'élément plastique de la réalité est, en fin de compte, le but même du roman psychologique.

On parle beaucoup d'atmosphère à propos des romans. La critique elle-même adopte volontiers ce langage météorologique. On prend l'introspection pour le procédé fondamental du romancier et on pense que les choses et la nature ne peuvent entrer dans un livre qu'enveloppées d'une atmosphère composée d'émanations humaines. Nous croyons au contraire qu'une vision extérieure — d'une extériorité totale comme celle que nous avons décrite plus haut à propos du rythme et où le sujet lui-même est extérieur à soi — est la vraie vision du romancier. L'atmosphère — c'est l'obscurité même de l'image. La poésie de Dickens — psychologue certainement élémentaire —, l'atmosphère de ces poussiéreux internats, la lumière blafarde des offices de Londres avec leurs clercs, les boutiques des antiquaires et des chiffonniers, les figures mêmes d'un Nickleby et d'un Scrooge, n'apparaissent qu'à une vision extérieure érigée en méthode. Il n'y en a pas d'autre. Même le romancier psychologue voit sa vie intérieure du dehors, non pas forcément par les yeux d'un autre, mais comme on participe à un rythme ou à un rêve. Toute la puissance du roman contemporain, sa magie d'art, tient, peut-être, à cette façon de voir de l'extérieur l'intériorité, qui ne coïncide nullement avec les procédés du behaviourisme.

On est habitué depuis Bergson à se donner la continuité du temps comme l'essence même de la durée. L'enseignement cartésien de la discontinuité de la durée, passe, tout au plus, pour l'illusion d'un temps saisi dans sa trace spatiale, origine de faux problèmes, pour intelligences incapables de penser la durée. Et l'on accepte comme un truisme une métaphore, éminemment spatiale cependant, de coupe dans la durée, une métaphore photographique de l'instantané du mouvement.

Nous avons été, par contre, sensible au paradoxe même que l'instant puisse s'arrêter. Le fait que l'humanité ait pu se donner un art révèle dans le temps l'incertitude de sa continuation et comme une mort doublant l'élan de la vie — la pétrification de l'instant au sein de la durée — châtiment de Niobé — l'insécurité de l'être pressentant le destin, la grande obsession du monde artiste, du monde païen. Zénon, cruel Zénon... Cette flèche...

Par là nous quittons le problème limité de l'art. Ce pressentiment du destin dans la mort subsiste, comme le paganisme subsiste. Certes, il suffit de se donner une durée constituée pour enlever à la mort la puissance de l'interrompre. Elle est alors dépassée. La placer dans le temps, c'est précisément la dépasser — déjà se trouver à l'autre bord de l'abîme, l'avoir derrière soi. La mort-néant — est la mort de l'autre, la mort pour le survivant. Le temps même du « mourir » ne peut pas se donner l'autre rive. Ce que cet instant a d'unique et de poignant tient au fait de ne pas pouvoir passer. Dans le « mourir », l'horizon de l'avenir est donné, mais l'avenir en tant que promesse d'un présent nouveau est refusé — on est dans l'intervalle, à jamais intervalle. Intervalle vide où doivent se trouver les personnages de certains contes d'Edgar Poe auxquels la menace apparaît dans son approche, aucun geste n'étant possible pour se soustraire à cette approche, mais cette approche elle-même ne pouvant jamais finir. Angoisse qui se prolonge, dans d'autres contes, comme crainte d'être enterré vivant : comme si la mort n'était jamais assez mort, comme si parallèlement à la durée des vivants courait l'éternelle durée de l'intervalle — *l'entre-temps*.

L'art accomplit précisément cette durée dans l'intervalle, dans cette sphère que l'être a la puissance de traverser, mais où son ombre s'immobilise. La durée éternelle de l'intervalle où s'immobilise la statue diffère radicalement de l'éternité du concept — elle est l'*entretemps*, jamais fini, durant encore — quelque chose d'inhumain et de monstrueux.

Inertie et matière ne rendent pas compte de la mort particulière de l'ombre. La matière inerte se réfère déjà à une substance à laquelle s'accrochent ses qualités. Dans la statue, la matière connaît la mort de l'idole. La proscription des images est véritablement le suprême commandement du monothéisme, d'une doctrine qui surmonte le destin — cette création et cette révélation à rebours.

POUR UNE CRITIQUE PHILOSOPHIQUE

L'art lâche donc la proie pour l'ombre.

Mais en introduisant dans l'être la mort de chaque instant — il accomplit sa durée éternelle dans l'entre-temps — son unicité, sa valeur. Valeur ambiguë : unique parce que non dépassable, parce que, incapable de finir, il ne peut aller vers le *mieux*, il n'a pas la qualité de l'instant vivant auquel le salut du devenir est ouvert et où il peut finir et se dépasser. La valeur de cet instant est ainsi faite de son malheur. Cette valeur triste est certes le beau de l'art moderne opposé à la beauté heureuse de l'art classique.

D'autre part, essentiellement dégagé, l'art constitue, dans un monde de l'initiative et de la responsabilité, une dimension d'évasion.

Nous rejoignons, par là, l'expérience la plus courante et la plus banale de la jouissance esthétique. C'est l'une des raisons qui font apparaître la valeur de l'art. Il apporte dans le monde l'obscurité du fatum, mais surtout l'irresponsabilité qui flatte comme la légèreté et la grâce. Il délivre. Faire ou goûter un roman et un tableau — c'est ne plus avoir à concevoir, c'est renoncer à l'effort de la science, de la philosophie et de l'acte. Ne parlez pas, ne réfléchissez pas, admirez en silence et en paix — tels sont les conseils de la sagesse satisfaite devant le beau. La magie, reconnue partout comme la part du diable, jouit en poésie d'une incompréhensible tolérance. On se venge de la méchanceté en produisant sa caricature, qui lui enlève la réalité sans l'anéantir ; on conjure les mauvaises puissances en remplissant le monde d'idoles qui ont des bouches, mais qui ne parlent plus. Comme si le ridicule tuait, comme si par les chansons tout pouvait réellement finir. On trouve un apaisement lorsque, par-delà les invitations à comprendre et à agir, on se jette dans le rythme d'une réalité qui ne sollicite que son admission dans un livre ou dans un tableau. Le mythe tient lieu de mystère. Le monde à achever est remplacé par l'achèvement essentiel de son ombre. Ce n'est pas le désintéressement de la contemplation, mais de l'irresponsabilité. Le poète s'exile lui-même de la cité. A ce point de vue la valeur du beau est relative. Il y a quelque chose de méchant et d'égoïste et de lâche dans la jouissance artistique. Il y a des époques où l'on peut en avoir honte, comme de festoyer en pleine peste.

L'art n'est donc pas engagé par sa propre vertu d'art. Mais c'est pour cela que l'art n'est pas la valeur suprême de la civilisation et qu'il n'est pas interdit d'en concevoir un stade où il se trouvera réduit à une source de plaisir — que l'on ne peut contester sans ridicule — ayant sa place — mais une place seulement — dans le bonheur de l'homme. Est-il outrecuidant de dénoncer l'hypertrophie de l'art à notre époque où, pour presque tous, il s'identifie avec la vie spirituelle ?

Mais tout cela est vrai de l'art séparé de la critique intégrant l'œuvre inhumaine de l'artiste dans le monde humain. La critique l'arrache à son irresponsabilité déjà en abordant sa technique. Elle traite l'artiste comme un homme qui travaille. Déjà en recherchant les influences qu'il subit, elle rattache à l'histoire réelle cet homme dégagé et orgueilleux. Critique encore préliminaire. Elle ne s'attaque pas à l'événement artistique comme tel : à l'obscurcissement de l'être dans l'image, à son arrêt dans l'entretemps. La valeur de l'image pour la philosophie réside dans sa situation entre deux temps et dans son ambiguïté. Le philosophe découvre, au-delà du rocher ensorcelé où elle se tient — tous ses possibles qui rampent autour. Il les saisit par l'interprétation. C'est dire que l'œuvre peut et doit être traitée comme un mythe : cette statue immobile, il faut la mettre en mouvement et la faire parler. Entreprise qui ne coïncide pas avec la simple reconstitution de l'original à partir de la copie. L'exégèse philosophique aura mesuré la distance qui sépare le mythe de l'être réel, prendra conscience de l'événement créateur lui-même ; événement qui échappe à la connaissance, laquelle va d'être à être en sautant les intervalles de l'entretemps. Par là le mythe est à la fois la non-vérité et la source de la vérité philosophique, s'il est vrai toutefois que la vérité philosophique comporte une dimension propre de l'intelligibilité, ne se contente pas de lois et de causes qui relient les êtres entre eux, mais cherche l'œuvre d'être elle-même.

La critique, en interprétant, choisira et limitera. Mais si, comme choix, elle demeure en deçà du monde qui s'est fixé dans l'art, elle l'aura réintroduit dans le monde intelligible où elle se tient et qui est la vraie patrie de l'esprit. L'écrivain le plus lucide se trouve lui-même dans le monde ensorcelé de ses images. Il parle comme s'il se mouvait dans un monde d'ombres — par énigmes, par allusions, par suggestion, dans l'équivoque — comme si la force lui manquait pour soulever les réalités, comme s'il ne pouvait aller vers elles sans vaciller, comme si, exsangue et maladroit, il s'engageait toujours par-delà ses décisions, comme s'il renversait la moitié de l'eau qu'il nous porte. Le plus averti, le plus lucide, fait cependant le fou. L'interprétation de la critique parle en pleine possession de soi, franchement, par le concept qui est comme le muscle de l'esprit.

La littérature moderne, décriée pour son intellectualisme et qui remonte d'ailleurs à Shakespeare, au Molière du *Don Juan,* à Goethe, à Dostoïevski — manifeste certainement une conscience de plus en plus nette de cette insuffisance foncière de l'idolâtrie artistique. Par cet intellectualisme l'artiste refuse d'être artiste seulement ; non pas parce qu'il veut défendre une thèse ou une cause, mais parce qu'il a besoin d'interpréter lui-même ses mythes. Peut-être les doutes que la prétendue mort de Dieu a jetés, depuis la Renaissance, dans les âmes, ont-ils compromis pour l'artiste la réalité des modèles désormais inconsistants et lui ont imposé la charge de les retrouver au sein de sa production même, lui ont fait croire à sa mission de créateur et de révélateur. La tâche de la critique demeure essentielle, même si Dieu n'était pas mort, mais seulement exilé. Mais nous ne pouvons pas aborder ici la « logique » de l'exégèse philosophique de l'art. Cela exigerait un élargissement de la perspective, à dessein limitée, de cette étude. Il s'agirait, en effet, de faire intervenir la perspective de la relation avec autrui — sans laquelle l'être ne saurait être dit dans sa réalité, c'est-à-dire dans son temps.

VIII

UN LANGAGE POUR NOUS FAMILIER

Que la liberté humaine puisse se retrouver à travers tout ce qui s'impose à l'homme, cela venait de Sartre comme un message d'espoir pour toute une génération grandie sous les fatalités par toute l'attente de notre siècle et que l'humanisme de l'éloquence — fût-il glorification des droits de l'homme — n'arrivait plus à convaincre de rien. Une nouvelle philosophie, c'est avant tout la parole rendue à ceux qui l'ont perdue dans la rhétorique où sombrent les grands projets. Que cette liberté n'ait jamais tourné à l'évocation de quelques mythes périmés et païens, liés à l'idéal d'un salut personnel, qu'elle ait été pour Sartre aussitôt énoncée comme une inquiétude « pour les autres », comme une source de responsabilités à assumer à l'égard de ce qui, de toute évidence, « *ne nous regarde pas* », ce fut là certainement un trait auquel la conscience juive était particulièrement sensible. Angoisse pour une liberté d'emblée vouée aux autres, et non pas, comme dans Heidegger, philosophe d'avant le génocide, angoisse pour *ma* mort, angoisse pour ce qui est le « *plus mien* », dans le souci de l'humain que je suis pour mon être même. A nous, les survivants des camps d'extermination, à nous, les rescapés de l'histoire universelle, à beaucoup d'entre nous, ce langage nouveau se révéla brusquement familier ou très proche. Il joua un grand rôle dans notre audace à revenir à de vieux discours — interrompus depuis longtemps et progressivement oubliés — autour des Ecritures et des traités, et d'y percevoir, à nouveau, l'appel à la mission pour les hommes au lieu d'y puiser de purs préceptes cérémoniels, d'obéir à l'appel, et sous différentes formes, en Occident ou en Israël, de s'engager sur des voies difficiles.

Leçon philosophique fondamentale de Sartre, vérité apparentée à la conception juive de l'homme, de l'action humaine toujours possible que le péché ne saurait étouffer, de son action sur terre, de ses espoirs d'ici-bas, d'un indissoluble lien entre toutes visées transcendant l'histoire, avec la justice rendue à l'autre homme, mais comme s'il n'y avait pas de Dieu qui puisse la rendre à notre place.

L'irréductible et l'inconvertible exigence, la mesure même, dans le judaïsme, de la relation à Dieu ou de ce qu'il serait peut-être plus exact d'appeler le saisissement par Dieu, que ne saurait démentir une paradoxale piété d'incroyants, de Juifs émus d'appartenir au judaïsme, de prolonger une histoire qui n'est pas comme les autres.

Leçon fondamentale de liberté exaltée par une œuvre qui ne s'y limite pas, qui secoua la morale bourgeoise de bien des surcharges et des poussières, peut-être pour dégager l'essentiel. Leçon par-delà la présence physique de Sartre sur les chemins de la liberté dans les rues de Paris, sentie souvent à travers sa signature, par-delà la silhouette même de ce nouveau type d'homme, engagé et toujours disponible et, comme sans situation et sans bagage qui alourdirait ses pas, toujours en route comme nous, hélas, malgré nos attachements et notre fatigue de marcheurs, et sans qu'on puisse imaginer le vieillissement de Sartre et même maintenant sa mortalité. Sartre, pour nous, c'est avant tout cela, et indépendamment de tout ce qu'il aura pu penser et dire de nous.

Dans une œuvre immense, notre part est certes

modeste. En apparence du moins le judaïsme se présente à lui sous ses aspects d'actualité : victime de l'antisémitisme fondateur de l'Etat d'Israël. Actualité dont la profondeur humaine peut échapper au regard commandé par une anthropologie philosophique déjà faite, même si elle doit se révéler sans dogmatisme. Actualité qui retient l'attention de Sartre par la souffrance où elle se manifeste.

La Question juive, publiée au lendemain de la Libération, réduira l'antisémitisme au ressentiment et à la rancœur de médiocres et de bornés qui dans la hargne, la calomnie et la persécution trouvent l'occasion d'une revanche à prendre sur leur destin ingrat et de se donner une supériorité facile et factice. On ne saurait sous-estimer même maintenant, ou surtout maintenant, l'importance de cette analyse et la démystification d'un crime qui se pare de doctrines qui se donnent des fondements scientifiques, et se veulent phénomène culturel. Mais, dans ce livre, Sartre va jusqu'à expliquer par l'antisémitisme la perpétuation même du juif dans sa différence. C'est sous le regard de l'antisémite et par ce regard que le juif aurait reçu son essence entêtée. Sartre ne demande pas encore, dans *La Question juive*, si cette perpétuité du juif n'a aucune raison propre et éternelle, si elle n'exprime aucune protestation contre un certain ordre des choses, et, dès lors, si elle n'atteste pas une intériorité inflexible, comme la fameuse « nuque raide ». Et, quelle que soit la perpétuité, depuis Hitler ressentie comme virtuellement sous menace, d'une certaine société juive établie, Sartre ne se demande pas encore si la résistance à nuque raide mais nue, dans le sang et les larmes, n'est pas la possibilité la plus humaine de la condition humaine elle-même, condition qui est une non-condition à laquelle remontent les exigences, inconditionnelles dans la vérité, de l'un contre le nombre.

Malgré toute la compréhension manifestée au nationalisme palestinien et à ses justes douleurs, rappelant sa cause au moment même où il recevait à Paris le doctorat *honoris causa* que lui conférait l'université de Jérusalem, Sartre a toujours été attaché et est resté scrupuleusement fidèle à l'existence de l'Etat d'Israël.

L'homme qui a refusé le prix Nobel, sans doute pour conserver un droit souverain à la parole, a pensé qu'une distinction honorifique venant de Jérusalem ne portait pas atteinte à une indépendance. Il espérait entre Israël et les Palestiniens des négociations et suscitait des rencontres entre les intellectuels des deux bords, du moins de ceux qui voulaient répondre à ses appels. Mais la sympathie pour les aspirations juives, malgré les violences antisémites de la gauche qui l'entourait, révélait probablement déjà une position différente de celle qui s'était exprimée dans *La Question juive*. Jamais sous sa plume ni dans ses interventions, n'apparaîtra un doute sur la légitimité de l'Etat juif. Jamais, bien entendu, n'y verra-t-on rien qui ressemble à l'argument de distingués spiritualistes, refusant à Israël la Terre sainte dans la crainte pour l'intégrité de sa vocation surnaturelle qui ne serait chez elle que dans la diaspora, argument, si l'on peut dire, qui sans doute néglige le fait que la sainteté de la terre signifie, pour ceux qui ne l'avaient jamais oubliée pendant des siècles, un projet politique sans pareil, qui n'est qu'à ses débuts, si dur, si contesté, si assiégé.

Sur ce point, les interviews de Sartre publiées quelques semaines avant sa mort par *Le Nouvel Observateur* sont extrêmement significatives. Elles nous apportent certainement l'écho de ses dernières pensées. Nous n'avons aucune raison de mettre en doute l'exactitude de l'enregistrement. Contiennent-elles un ultime témoignage de sympathie délivré au judaïsme ou le signe du chemin parcouru depuis *La Question juive* en un tiers de siècle ? Nous y lisons avant tout autre chose : la reconsidération par un grand philosophe de son attitude envers Hegel. Mais fixer ses positions à l'égard de Hegel, pour un philosophe, cela correspond à ce que serait pour un tisserand l'installation de son métier, préalable à l'ouvrage qui y sera mis et remis.

Nouvelles positions spéculatives : autrefois, pour Sartre, en accord avec Hegel, l'histoire signifiait exclusivement l'histoire des Etats, l'histoire des nations sur leur terre, l'histoire des gouvernements. C'est dans une telle histoire que les peuples prenaient leur sens. Aussi, l'histoire du peuple juif semblait à Sartre une idée factice, irrationnelle. Et voici que la lecture de l'épaisse *Histoire d'Israël*, du professeur Baron, de Harvard, lui apprend la consistance historique des dispersions unies malgré les espaces qui séparent, unies autour du Livre dans la fidélité monothéiste à un Dieu, fidélité dont proviendrait une`éthique d'hommes vivant les uns pour les autres. S'il y a une histoire juive, Hegel n'est pas vrai. Or il y a une histoire juive.

Il y aurait donc, dans l'humanité des hommes, une autre dimension de sens que celle de l'histoire universelle. Il y aurait donc une autre histoire. Ce n'est pas la méditation de Moïse et des prophètes, c'est la lecture d'un historien américain qui a nourri une telle pensée.

Elle ne s'impose pas à partir d'une métaphysique mais d'une sociologie, et tout le monde ne doit pas appeler cette autre histoire, histoire sainte. Sous un nom ou sous un autre, n'est-elle pas cependant une essentielle dimension du sensé ? Mais n'est-il pas dès lors raisonnable qu'un homme d'Etat, s'interrogeant sur la nature des décisions qu'il prend, ne se demande pas seulement si elles sont conformes au sens de l'histoire universelle, mais aussi si elles s'accordent avec l'autre histoire ?

Que l'histoire du peuple juif, où l'espoir de l'Etat juif sur terre a toujours été essentiel, ait pu mettre en doute dans le cerveau d'un Sartre l'architecture souveraine et majestueuse de la logique hégélienne, cela ne signifie-t-il pas à la fois que l'Etat en question ne s'ouvre pas sur une histoire purement politique, celle qu'écrivent vainqueurs et superbes ? Et qu'un tel projet, loin de signifier un particularisme nationaliste, est l'une des possibilités de l'humanité difficile de l'humain ?

IX

QUAND SARTRE DÉCOUVRE
L'HISTOIRE SAINTE

Comme philosophe, vous sentiez-vous proche, peu ou prou, de Jean-Paul Sartre ?

Je me sens proche de Sartre, par l'appartenance à la même génération. J'ai, d'autre part, ceci en commun avec lui que nous avons lu les mêmes livres, à la même époque. Vous savez que mon livre sur la phénoménologie de Husserl a paru en 1930 et que Sartre était un de ses lecteurs ainsi que je l'ai appris par les Mémoires de Simone de Beauvoir. Sartre a écrit dans un article : je suis arrivé à Husserl par Levinas. Il était lecteur de Heidegger ; je l'étais aussi. Sartre a tiré de ses lectures toutes les perspectives exceptionnelles de ses grands livres. Ma voie est un peu différente mais je me suis toujours senti appartenir à la génération de Sartre.

Au lendemain de la Libération, sa présence dans la presse et dans le paysage culturel français était imposante.

Je me souviens que, lorsqu'il avait refusé le prix Nobel, j'avais été extrêmement impressionné. Il m'avait paru alors être l'homme qui avait encore droit à la parole dans un monde où toute parole est frelatée. Cela coïncidait avec des propos extrêmement violents que venait de tenir Nasser à l'égard d'Israël. Je lui écrivis donc. Je ne sais pas si ma lettre eut un quelconque effet.

Ses « Réflexions sur la question juive » ont paru en 1946. Comment aviez-vous alors réagi à ce livre et à la thèse qu'il développait ?

Je venais de rentrer de captivité et ce livre ne m'avait pas convaincu en ce qui concerne sa thèse sur le judaïsme. Le judaïsme n'a pas seulement une existence en fonction des antisémites. Je pensais depuis longtemps que le Juif l'est aussi par de nombreux autres côtés. Si ce livre n'apprenait donc pas grand-chose sur le judaïsme, par contre, il était extrêmement important parce qu'il parlait avec justesse de l'antisémitisme et tout cela se passait à une époque où un tel jugement était nécessaire.

Plus tard, Sartre reconnaîtra en effet qu'il s'agissait là d'un livre contre l'antisémitisme considéré par lui comme « une passion et une conception du monde ».

Il le présentait même, cet antisémitisme, comme un comportement stupide. Il l'appelait le « snobisme des pauvres », c'est-à-dire la rancune de ceux qui sont médiocres en tout et qui sont contents de trouver quelqu'un qu'ils persécutent et qui ne peut pas se défendre.

Il considérait alors — et c'était peut-être son erreur — que si les Juifs ont une sagesse, ils n'ont pas d'histoire.

Justement, dans ses dernières déclarations qui sont très importantes, parues dans *Le Nouvel Observateur*, il y a, de sa part, un retournement complet. Il y a la découverte par Sartre de l'histoire juive. Il dit que, pour lui, sa conception de l'histoire était, jusqu'à ce qu'il lise l'histoire du peuple juif de Baron, une histoire telle que Hegel la veut, une histoire des nations ayant un territoire et un Etat. L'idée d'une histoire d'un peuple qui n'a pas ces attributs essentiels lui paraissait une notion irrationnelle et étrange. Par conséquent, il estimait, à cette époque-là, que le peuple juif n'avait pas de personnalité propre mais qu'il était fait uniquement de ce que les autres ont fait de lui. Puis, Sartre a fait la découverte d'une autre dimension dans l'histoire, comme s'il y avait ce que j'appellerais, moi, une « histoire sainte » qui va dans une autre direction et coexiste avec l'histoire et qui est portée par un peuple.

Il y a, dans ce texte du *Nouvel Observateur*, une phrase essentielle : Si l'histoire juive existe, Hegel a tort. Or, l'histoire juive existe.

Cette notion de « l'histoire sainte » est importante pour vous ?

Je pensais tout récemment à cela après le voyage du président Giscard d'Estaing dans le golfe Persique et les déclarations auxquelles il a donné lieu. J'ai regretté que le président commette l'imprudence de ne pas jouer dans l'« histoire sainte » le rôle qu'il aurait pu jouer. C'est une dimension qu'il ignore. C'est le contraire de ce qui est arrivé à Cyrus.

Vous n'avez pas été frappé par le fait que Sartre déclare, dans ce texte, « être intéressé par le caractère métaphysique du Juif » ?

C'est quelqu'un qui, au moins, ne croyait pas que la métaphysique est complètement finie.

Il y a des propositions encore plus précises. Il parle d'un peuple dont toute la vie est un rapport à un Dieu infini, rapport particulier. Il dit que de ce monothéisme vient l'histoire juive. Je ne pense pas qu'il abandonne pour autant ses positions philosophiques générales mais il y a là une attention à l'originalité de ce phénomène juif et la nécessité de parler un langage qui est probablement fait pour saisir cette réalité. Quelle que soit la signification qu'on donne, en fin de compte, aux termes qu'on emploie.

D'autre part, ce rapport au Dieu infini est affirmé comme un rapport éthique. Et l'éthique est définie comme existence des hommes les uns *pour* les autres. Exister *pour* les autres ne signifie pas apparaître aux autres mais être voué aux autres. C'est une position qui est très proche de ce que, de mon côté, je pense et de l'éthique et du rôle général de cette catégorie du « pour l'autre » dans la position même du moi ou plutôt dans la déposition du « moi ».

Parmi les nombreux articles consacrés à Sartre, il y en avait un qui signalait que Sartre ne serait peut-être pas content des hommages posthumes qui lui viennent de partout. Il aimait être reconnu par une minorité, nécessaire à des faibles, à ceux qui sont extra-ordinaires, hors de l'ordre. Je pense que, tout de même, il n'aurait pas refusé l'hommage des Juifs car il n'est rien de plus fragile que le judaïsme malgré les formes de force que, parfois, on lui prête.

Je voudrais enfin dire que j'ai été extrêmement impressionné par la reconnaissance de l'Etat d'Israël (qui n'excluait pas sa sympathie pour les Palestiniens) que Sartre professait si fermement au point de se séparer de quelques-uns de ses amis de l'extrême gauche. C'est ce qui est arrivé aussi à mon ami Maurice Blanchot qui s'est séparé de ceux dont il était le compagnon, depuis 1968, uniquement en raison d'Israël.

Je suis sûr que Jean-Paul Sartre était très attentif au destin d'Israël.

COEXISTENCE PACIFIQUE

X

SUR L'ESPRIT DE GENÈVE

L'esprit de Genève est-il leurre ou réalité ? Comme l'optimisme de juillet, le pessimisme de novembre est simpliste. Car il se passe dans le monde quelque chose de si nouveau que le bien et le mal ne se dosent plus d'après les formules de naguère. Le sens qu'avait le combat entre hommes est perdu, sans que la lutte ait pris fin. Et cela cause aux adversaires d'autres troubles encore que la peur.

Comment dès lors chercher le secret des événements en scrutant la conscience des Grands ? Le secret réside-t-il encore là ? L'énergie atomique libérée a précisément soustrait la marche du réel aux volontés humaines. Cela s'appelle, très exactement, arrêt de l'histoire. Aussi les sourires qui, depuis quelques mois, s'échangent d'un bout du monde à l'autre, et que les actes très souvent contredisent, ne sont-ils ni candides ni hypocrites. Le troisième partenaire, présent aux discussions et aux guerres, crée une atmosphère à laquelle ni guerriers ni diplomates n'ont encore adapté leurs traits. Troisième partenaire qui n'est pas le troisième homme. Ce n'est pas un homme, ce sont les forces sans visages. Etrange retour des puissances naturelles que l'on ne peut ignorer et contre qui cependant on ne peut s'allier !

Depuis que les premières techniques ont protégé la vie contre les cataclysmes naturels et que, renversant la situation, les mortels étendent, sans heurts, par les sciences, leur empire sur les éléments, ils ne luttent qu'entre eux. L'humanisme commença avec ces guerres où l'on oublia les forces de la Nature.

Depuis des dizaines de siècles, nous sommes aux prises avec l'humain. L'inhumain, dont ces siècles ont été si prodigues, nous vient encore de l'homme. Les rapports entre hommes qui constituent l'ordre social, les forces qui dirigent cet ordre, dépassent dès lors en puissance, en efficacité, en être les forces de la nature. Les éléments se déversent sur nous à travers la société et l'Etat et leur empruntent une signification. Les rochers et les arbres n'apparaissent pas purs à l'horizon ; ils nous viennent déjà d'un paysage traditionnel ; ils ont un style et débitent leur littérature. Nos manuels nous disent comment les expériences les plus humbles nous affectent, revêtues de leur forme sociale, matière ou fragments d'objets culturels, à la rigueur épaves de mondes humains mais rejetées toujours sur les rivages de l'histoire. Les plus naïfs savent, depuis Hegel, que dans l'espace où nous vivons aucune chose n'est plus naturelle. Tout ce qui nous comble et tout ce qui nous tue procède de nos semblables, de leur volonté généreuse ou mauvaise qui déclenche les désastres, fût-ce en négligeant de les prévoir. La certitude que tous nos malheurs nous viennent du prochain, que de tout il y a responsabilité, le droit d'accuser et de juger, la civilisation, c'est peut-être cela. Un monde qui a un sens. Misère, guerre, coups de grisou, même les maladies nous laissent la faculté d'incriminer l'incurie des chefs, l'avidité des classes dirigeantes, la mauvaise orientation de la science exploitée par l'égoïsme. Les guerres et les révolutions encadrent tous les événements de la terre et du ciel.

Dès lors meurent le Dieu de la foudre et le Dieu de la grâce. La faute de l'homme éclate. On n'honore Dieu nulle part, parce qu'on trouve l'homme partout. Mais un autre sentiment du divin se fait jour : celui de la responsabilité. La conscience que tout dépend des hommes n'est pas seulement la voie ouverte au dénigrement et à la méchanceté. Donner le pas à la politique sur la physique est une invite à œuvrer pour un monde meilleur, à croire le monde transformable et humain.

Et voilà que la nature revient, dangereuse à manier, par le canal de la physique même qui l'avait à jamais chassée du monde. Ce n'est pas sa première manifestation. Pour de brefs instants, elle faisait irruption dans le monde civilisé : une comète s'approchait, un volcan vomissait des flammes, la terre tremblait. Elle se profilait alors, indomptée, derrière les institutions sociales, érigées en principes, derrière l'histoire élevée au rang d'une cosmogonie. Il y avait donc quelque chose derrière qui comptait. Sans répondre à aucune injonction humaine — par la faute de personne —, la Nature, absolument extérieure, totalement elle-même, imprévisible, se moquait de nos malices et nous rejetait loin en arrière, vers ceux qui, dans leurs cavernes, écoutaient les hurlements des tempêtes et des fauves. Un frisson de fatalité parcourait nos combats, encore humains, de religions, de classes et de nations. Mais la réalité sociale, un instant déchirée, se refermait aussitôt comme la terre elle-même, crevassée par le tremblement. Les travaux de secours ramenaient déjà l'événement aux proportions des conflits humains ; la responsabilité s'installait à nouveau. Mais pendant quelques instants — où une fraternité humiliante rattachait les hommes aux animaux qui crient et, de quelques instants, pressentent la catastrophe —, il n'y a pas eu de politique.

Les progrès de la science atomique perpétuent ces instants. Cette fois-ci les forces inhumaines ne se jettent pas sur nous à l'improviste ; elles ne tombent pas du ciel et ne viennent pas des profondeurs de la terre. Elles nous viennent des hommes. Mais, trop grandes pour les mains qui s'en saisissent, elles déjouent la prudence des hommes d'Etat qui voudraient les mettre en jeu tout en espérant les contrôler. Depuis 1914, les guerres ne sont plus à l'échelle humaine, mais, pour la première fois depuis la préhistoire, pèse sur le monde une menace qui n'est pas politique.

Pour la première fois les problèmes sociaux et les luttes entre hommes ne révèlent pas l'ultime sens du réel. A cette fin du monde manquerait le jugement dernier. Les éléments débordent les Etats qui, jusqu'alors, les contenaient. La raison n'apparaît pas dans la sagesse de la politique, mais dans les vérités sans conditionnement historique, annonçant les dangers cosmiques. A la politique, se substitue une cosmo-politique qui est une physique.

Une science qui contemple l'ordre du ciel aura-t-elle ainsi réconcilié les antagonistes avant qu'ils sachent se partager avec justice la terre ? Cette sagesse commençant dans la peur serait-elle l'épiphanie du Logos nouveau ? L'esprit de Genève, s'il n'est pas tromperie, aurait dû inévitablement en marquer le triomphe. Et cependant les décisions ne sauraient être si simples. C'est là la véritable nouveauté de la situation où sagesse et morale s'opposent. Telles des querelles d'enfants, apparaissent désormais nos luttes d'antan. Mais de cette solidarité, certes fondée sur la physique et non pas sur la morale, se réjouissent déjà les forts et les méchants. Des deux côtés du rideau de fer, ils échappent à la responsabilité. Des évidences qui la commandent on se sert comme d'opium. Ce n'est pas allégrement que, à la fin des temps, les hommes se résignent au retour de la préhistoire. En cet anachronisme réside précisément l'esprit nouveau et son équivoque essentielle. Partagés entre le souci de survivre et le souci de trouver un sens à la vie — sans se mentir mais dans la méfiance —, les hommes se sourient. Ce sourire large, figé, stéréotypé, est trouble. L'homme ignore encore s'il vaut mieux, au risque de « mourir avec les philistins », peser sur les colonnes du temple des injustes, ou s'il faut penser aux innocents qui seraient enterrés sous les décombres.

XI

PRINCIPES ET VISAGES

Les journaux, les meilleurs, ont l'indignation et le mépris faciles. L'allocution prononcée par M. K. à la télévision, la veille de son départ, a été qualifiée de longue, d'ennuyeuse, d'indiscrète, de discours de propagande ressassant les lieux communs. L'accord sur ce point a été si unanime qu'on pouvait se demander si tout le monde n'avait pas été ensorcelé par quelque Frosine qui, naguère, sut persuader Harpagon qu' « il faut être folle fieffée » pour « trouver la jeunesse aimable ».

Car, longue et indiscrète, cette propagande procède d'une pensée que les doctrines les plus répandues chez nous identifient avec la Raison elle-même. Lieux communs, soit, mais non pas à cause des développements habituels de la littérature communiste que ce discours aurait évoqués. Il correspondait, en fait, à la métaphysique implicite ou explicite sur laquelle vit la pensée politique de l'Occident. Que les sources du catéchisme soviétique coulent en Occident, c'est la moins fantasque des boutades de M. K. Elle ne concerne pas seulement l'origine des classiques de la Révolution et du socialisme, mais les catégories de la pensée occidentale. Certaines idées de M. K. font aboutir les prémisses auxquelles s'en tiennent nos syllogismes sans conclusions. De sorte que l'Occident actuel apparut brusquement vivre d'ajournements perpétuels des conséquences découlant de ses propres principes.

M. K. a justifié sa démocratie sans partis politiques par la disparition des classes en U.R.S.S. Les classes ne représentent-elles pas les particularismes dont les contradictions multiplient les partis ? A un Etat sans conflits un parti sans partage, celui de la Raison. Pour M. K., les citoyens soviétiques, ayant réussi des œuvres qui étonnèrent le monde, ne peuvent pas avoir été esclaves. Ils sont libres, de liberté objective car ils sont dirigés — malgré eux, peut-être (mais qu'importe !) — par la Raison.

Thèmes qui dominent la pensée occidentale dans son ensemble. Elle est habituée — depuis bien avant Hegel — à voir dans l'Etat l'incarnation même de l'Esprit. L'Etat sans contradictions et, par conséquent, sans partis, réalise l'humanité de l'homme. Il est la Raison réalisée et même dans son devenir, la Raison qui se révèle progressivement. L'individu trouve dans l'Etat sa suprême satisfaction. Le reste de ses inquiétudes et de ses agitations relève de l'illusion, de l'idéologie, du subjectif. Ah ! le sourire méprisant avec lequel certains maîtres à penser, que seule l'Universalité émeut, jettent leur « Cela n'a aucune espèce d'importance » quand il est question du subjectif. Les cris de conscience ? symptômes de l'hystérie. La liberté, l'égalité, la fraternité, saisies au niveau du cœur humain, ressortissent pour eux, comme pour M. K., à une morale abstraite. On nous a toujours enseigné que la liberté se confond avec la désindividuation de l'individu, avec la volonté de l'universel qui consiste, pour l'homme, à disparaître dans son discours cohérent, tel un peintre qui entrerait, tout vivant, vivre une vie muette parmi les formes qu'il traça sur la toile. Les transformations économiques du monde, la constitution d'une société industrielle internationale, apparaissent aux plus spiritualistes d'entre nous, comme engendrant, par elles-mêmes, une humanité vivant dans l'Universel. Pourquoi dès lors s'effrayer d'un parti unique ?

Celui du fascisme reposait sur l'absurdité d'un principe particulier de la supériorité raciale ou nationale. Le parti unique en U.R.S.S. est un parti des travailleurs. L'idée du travailleur est assez générale pour embrasser tous les hommes, non seulement de la façon dont, en bonne logique, le genre englobe les individus, mais comme une idée qui règle les structures de la coexistence des individus, c'est-à-dire comme Etat. Les penseurs occidentaux sont donc tous mûrs pour accepter les structures dont parlait M. K. Personne ne pourra les soupçonner d'avoir eu une émotion morale ! Ils rencontrent le socialisme non pas comme l'expression d'une révolte contre la souffrance humaine, mais comme pur accomplissement de l'idée de l'Universel.

Les nuances et les lenteurs par lesquelles l'Occident tempère la hardiesse de sa pensée et préserve sa tradition libérale n'enlèvent rien au dynamisme réel de sa philosophie qui le pousse là où le discours de M. K. la résume et où s'achève une époque de la pensée européenne.

Aboutissement de cette pensée ou sa réduction à l'absurde ? Ceux qui sentent de certitude que quelque chose manque à cette conclusion, mais qui ne peuvent tout de même pas se résigner à préférer à la quête millénaire d'universalité, les particularismes de la tradition, du terroir, de la « famille », de la « patrie », de la « corporation », devraient réviser leur pensée. *N'y a-t-il d'universalité autre que celle de l'Etat et de liberté autre qu'objective ?* Réflexions difficiles, car elles doivent mener plus loin qu'on ne le croit. Bien au-delà de Marx et de Hegel. Elles amènent peut-être à mettre en question les bases les plus profondes de la métaphysique occidentale.

Mais peut-être cette fin d'époque annonce-t-elle déjà le sens de la révision qui s'impose. On voudrait la placer tout de même sous le signe du voyage de M. K. Dans un système où seuls comptent les principes d'une Raison impersonnelle, ce voyage, contre tout système, affirme la nécessité d'une bonne volonté personnelle et d'une intention morale, d'une coexistence sans système. Il prouve, par-delà les structures universelles, l'importance de la relation de particulier à particulier, d'homme à homme, la nécessité pour l'homme de voir derrière le principe anonyme le visage de l'autre homme.

XII

LE DÉBAT RUSSO-CHINOIS
ET LA DIALECTIQUE

La « fin du monde » figure-t-elle parmi les thèmes de la controverse russo-chinoise ? Sur une question aussi grave, on en est réduit à des conjectures fragiles, comme s'il s'agissait d'un détail mal éclairci de l'histoire aztèque. Politique apocalyptique ! Mais c'est en elle que l'histoire du monde se ramasse et, dans les deux sens du terme, *se débat*. On ne peut plus penser que l'humanité se soit égarée par hasard dans l'aventure marxiste. Rester non communiste revient à conserver sa liberté de jugement dans un affrontement de forces. Affirmer une telle liberté, signifierait, d'après certains, ne rien comprendre au communisme, postuler une conscience arrachée à la lutte, se plaire dans un idéalisme installé dans l'inaction du désœuvrement bourgeois et dans son unique sécurité. On oublie cependant que la libre pensée se dégage de l'action par l'effort le plus difficile et le plus risqué qui soit, qu'elle se situe parmi les gestes les plus révolutionnaires, les plus souverainement impies ; qu'elle est, comme le rationalisme lui-même, toujours à recommencer, qu'elle n'est pas vouée à l'improvisation individuelle ni ne procède d'un orgueil, car, à sa façon, elle se rattache à une tradition.

Que faut-il penser *librement* du désaccord russo-chinois d'après les données parcimonieusement fournies par la presse ? L'éclatement des monolithes de l'Est (dont on attend que diminue la tension, inévitable dans un champ polarisé) n'est pas la conséquence certaine de cette fissure. Mais, surtout, la joie mauvaise qu'on lui réserve ne s'inspire pas toujours d'une pensée indépendante et, après tout, n'est pas digne d'une telle pensée. C'est la faiblesse de la scolastique dialectique accréditée comme inséparable de la foi en un ordre humain meilleur, qui appelle la réflexion. Mais, là encore, le fait important n'est pas dans l'apparition même d'une contradiction à l'heure où tous les antagonismes auraient dû s'abolir.

C'est la nature de la contradiction qui est significative : les uns estiment nécessaire et fatale la guerre finale qui doit effacer la moitié de l'humanité, les autres veulent, à tout prix, l'éviter malgré leur certitude de vaincre. Pas de violence ultime à l'égard de l'Occident ! L'humanité à sacrifier, l'humanité occidentale serait-elle donc nécessaire aux Russes ? La communauté exclusive avec le monde asiatique, étranger à l'histoire européenne à laquelle la Russie, malgré tous ses reniements stratégiques et tactiques, appartient depuis bientôt mille ans, ne serait-elle pas inquiétante, même dans une société sans classes ? La société homogène qui s'annonçait concrète — c'est-à-dire, en bonne doctrine hégélienne, intégrant l'histoire qu'elle dépasse — l'intègre-t-elle réellement ? En abandonnant l'Occident, la Russie ne craindrait-elle pas de se noyer dans une civilisation asiatique qui, elle aussi, subsistera derrière le concret apparent de l'aboutissement dialectique ? Le péril jaune ! Il n'est pas racial, il est spirituel. Non pas qu'il s'agisse de valeurs inférieures ; il s'agit d'une étrangeté radicale, étrangère de toute l'épaisseur de son passé, où ne filtre aucune voix à inflexion familière, d'un passé lunaire ou martien. Le pacifisme des Russes exprime, peut-être, le déchirement des hommes partagés entre l'attrait qu'exerce une synthèse dialectique promise comme concrète, mais qui se révèle, d'une façon inattendue, idéologique, — et l'attrait que continue d'exercer l'Occident gréco-judéo-chrétien et son histoire qu'il s'agit certes de subjuguer, mais non pas d'anéantir. Attrait irrésistible dont l'échec de la conférence au sommet de mai 1960 — et d'autres échecs éventuels — ne sauraient attester la fin. D'où un effroi : l'effroi d'accepter un Evangile sans Ancien Testament. La marche vers une société universelle passerait donc par des voies où les divers groupements humains n'auraient pas à dépasser leurs histoires. Il existerait des particularités dialectiquement indispensables.

Que le maintien de ces personnalités ne ramène pas purement et simplement à l'exaltation des nationalismes d'antan, un autre point de la discussion sino-russe nous le montre : les thèses qu'on attribue aux Chinois. Ils auraient protesté contre l'intérêt manifesté par les Soviétiques aux jeunes Etats indistinctement, même quand ils ne s'érigent que dans la passion nationaliste. Et, pourtant, la portée dialectique de cet intérêt aurait dû éclater aux yeux communistes : rien n'a de signification à l'instant donné, tout le reçoit du développement. Il serait dès lors raisonnable de soutenir les anticommunistes s'ils représentent une étape vers le socialisme et de témoigner de la sympathie à ceux qui torturent des communistes dans leurs prisons. Il serait raisonnable de prendre au sérieux les prétentions socialistes et les slogans anti-impérialistes dont se parent les nationalistes exacerbés et avides. Depuis longtemps en Occident même, nous traitons d'abstractions les évidences de la conscience morale que ces contradictions révoltent : le noir a cessé d'être noir sous le prétexte qu'il va blanchir. Il aura donc fallu être un peu chinois pour appeler à nouveau un chat un chat et pour reconnaître dans les anticapitalismes nationalistes, l'ombre du national-socialisme.

LAÏCITÉ ET MORALE

XIII

LA LAÏCITÉ ET LA PENSÉE D'ISRAËL

Le judaïsme — la plus ancienne parmi les collectivités et les doctrines religieuses — peut-il avoir connu et seulement soupçonné un concept comme celui de la laïcité ? Ce concept issu d'une expérience politique et d'une méditation rationnelle sur cette expérience, l'une et l'autre caractéristiques du génie occidental, a-t-il aussi des sources juives ou un équivalent dans la pensée d'Israël ?

Joseph Flavius a caractérisé par le terme de théocratie[1] l'idéal politique du judaïsme et semble ainsi le situer aux antipodes de toute doctrine laïque de l'Etat. Que l'idée de Dieu domine la pensée des juifs comme elle dominait leur vie individuelle et publique — on aurait mauvaise grâce à le contester. Mais comment cette idée se formule et sous quelle forme s'exerçait cette domination — voilà les questions qui importent. Le mot théocratie sonne juste, mais ne recouvre ni pour les penseurs juifs, ni dans les institutions de l'Etat juif antique — un régime politique où le gouvernement s'exerce par les prêtres ; le gouvernement de Dieu consiste, dans le judaïsme, à soumettre les hommes plutôt à l'éthique qu'aux sacrements de sorte que la catégorie sociologique de la religion n'épouse pas le phénomène juif. Elle lui ferait perdre ce qu'il a de plus original et, dans une certaine mesure, d'opposé au mythe, au mystère, au numineux, au dogmatique, à l'irrationnel. Elle effacerait ce que, paradoxalement, il comporte de laïque.

Le paradoxe s'atténue quand on pose la question des sources : où s'exprime la pensée juive ? Question préalable, mais en l'occurrence fondamentale. Elle permet de fixer objectivement la notion même du judaïsme, si familière en Europe et si ignorée, matière à tant de confusions.

Le christianisme en prolonge un côté, sans doute, mais le judéo-christianisme n'épuise pas le judaïsme. Celui-ci continue une tradition originale, au nom de laquelle, en toute lucidité (et non pas par aveuglement, ni par pur négativisme), il se refusa au message chrétien. Il se manifeste dans l'Ancien Testament, mais aussi dans la littérature rabbinique qui comprend le Talmud, les philosophes, les exégètes et les « décisionnaires » du Moyen Age et des temps modernes. Malgré l'unité que présente le judaïsme — religion sans sectes — aucune dogmatique ne le résume. Les pratiques religieuses obéissent à un règlement cohérent et formulé, mais représentent la conséquence d'une œuvre théorique infiniment vaste. En elle s'affrontent des positions dont l'antagonisme ne se trouve nullement aboli du fait que tous les juifs s'accordent sur les règles (appliquées ou non) de la vie juive. Aussi le contact de cette pensée en discussion vivante — *l'étude* — constitue-t-il, pour un Juif pratiquant, un devoir pratique primordial. Et nous touchons là à l'un des aspects caractéristiques du judaïsme : son enseignement, la *Thora* (qui, au sens étroit du terme, désigne le Pentateuque et, au sens large, toute la Bible et la pensée rabbinique qu'elle suscita) est toute problèmes et discussions. Elle n'existe pas sous les espèces d'un verbe mystique. Elle vit dans la recherche des docteurs, des *rabbis* qui, à toute époque, la reprennent. Elle exige un pluralisme et une confrontation. L'originalité de chacun ne compromet pas la vérité de l'enseignement, mais lui permet seulement de se manifester. L'étude ne ressasse pas la Thora, elle la révèle.

Le foyer ardent de cette vie spirituelle, qui éclaire les grandes avenues de la pensée juive à travers l'histoire, s'appelle le *Talmud*. Il détermine la réflexion juive à partir du VIᵉ siècle après J.-C. Mais le judaïsme reçoit l'enseignement biblique lui-même à travers le Talmud qui, pour lui, demeure l'interprétation authentique du texte. Celle-ci dégage l'esprit de la lettre, souvent avec une hardiesse extrême et malgré une apparente fidélité à la lettre.

Mais la foi ne guide pas seule la confiance que l'on voue à l'exégèse talmudique. Historiquement, le canon biblique, commun aux chrétiens et aux juifs, fut transmis aux juifs — et d'ailleurs aux chrétiens — par les pharisiens. C'étaient les docteurs du Talmud[2]. Le texte de la Bible remonte à une antiquité lointaine ; les traductions en dissimulent l'obscurité ; les leçons des docteurs du Talmud qui commentent les textes législatifs et les récits historiques de la Bible, apportent des jalons qui restituent la continuité de la tradition.

Elle se fixe par écrit vers la fin du IIᵉ siècle sous le nom de Michna. La Michna elle-même s'interprète dans l'enseignement oral de nouvelles générations de *rabbis*. Cet enseignement oral reçoit une forme écrite vers la fin du Vᵉ siècle sous le nom de Guemara. L'ensemble de la Michna et de la Guemara forme le Talmud. Il y a deux Talmud, dont les versions écrites sont à peu près contemporaines. Celui qui s'élaborait en Palestine s'appelle le *Talmud de Jérusalem*, celui qui se développait dans les académies rabbiniques de Babylone porte le nom de *Talmud de Babylone*.

La tradition talmudique aboutit au *Code des règles pratiques* sur lesquelles se base la vie juive. Ce code remonte au début du XVIᵉ siècle. C'est le fameux *Choulkhan-Aroukh* — ou « Table dressée ». Le chemin a traversé toute une littérature de décisionnaires — docteurs qui, en présence de discussions théoriques du Talmud, prennent des décisions sur la conduite à tenir concrètement. Parmi eux, une place royale revient à Maïmonide qui projeta sur la pensée juive du Talmud la lumière de la pensée grecque et dont l'autorité égale presque celle de ses sources[3].

Au cours de toute cette évolution, *rabbi* ne signifie en aucune façon prêtre. L'interprétation de la Thora n'est pas une fonction sacerdotale ; les clercs, dans le judaïsme, ne sont pas des ecclésiastiques. Le cléricalisme juif est laïque.

Il faut rechercher la pensée juive dans le Talmud et dans les œuvres qu'il accueille comme des affluents ou qui prennent en lui leur source. Sans cela, on s'égare dans les œuvres individuelles ou secondaires, où se perd, depuis 150 ans, une tradition interrompue, malgré tout le talent des auteurs qui souvent rivalise avec leur irresponsabilité et leur penchant pour l'improvisation. De cette pensée multiple, s'étendant sur plusieurs millénaires, nous allons retenir quelques constantes pour nous interroger sur les origines de la laïcité dans le judaïsme. Il ne peut pas s'agir d'institutions concrètes qui, de nos jours, l'assurent. Mais certainement d'un état d'esprit qui les a rendues possibles. Il se manifeste dans la prépondérance de la morale sur le sacerdotal et dans l'autonomie relative du politique.

I

PRÉPONDÉRANCE DE LA MORALE
SUR LE SACERDOTAL

1. Religion et universalité humaine

Les institutions laïques qui placent les formes fondamentales de notre vie publique en dehors des
préoccupations métaphysiques, ne peuvent se justi-
fier que si l'union des hommes en société, si la paix,
répond elle-même à la vocation métaphysique de
l'homme. Sans cela, le laïcisme ne serait que la
recherche d'une vie tranquille et paresseuse, une
indifférence à l'égard de la vérité et des autres, un
immense scepticisme. Les institutions laïques ne
sont possibles qu'à cause de la valeur en soi de la
paix entre les hommes. Mieux qu'une condition, formelle ou négative, d'autres valeurs qui seraient posi-
tives, la société s'affirme, pour les amis de la laïcité,
comme valeur positive et comme valeur primordiale.
Cette recherche de la paix peut s'opposer à une religion, inséparable des dogmes. Car les dogmes se
révèlent au lieu de se prouver et heurtent les formes
de pensée ou de conduite, qui unissent les hommes,
pour leur apporter discorde et division. Mais si le
particularisme d'une religion se met au service de la
paix, au point que ses fidèles ressentent l'absence de
cette paix comme l'absence de leur dieu, si la vocation subjective qui distingue le fidèle de ses pro-

chains ou de ses lointains, ne le rend ni tyrannique ni envahissant, mais plus ouvert et plus accueillant — la religion rejoint l'idéal de la laïcité.

Dans le judaïsme, le conflit ne peut surgir parce que, pour lui, le rapport avec Dieu ne se conçoit à aucun moment en dehors du rapport avec les hommes. Le Sacré ne consume pas, ne soulève pas le fidèle, ne se livre pas à la thaumaturgique liturgie des humains. Il ne se manifeste que là où l'homme reconnaît et accueille autrui. A cause de son opposition à cette idolâtrie du Sacré, les auteurs anciens ont pu qualifier le judaïsme d'impie ou d'athée. Le ritualisme juif servira de méthode et de discipline à sa morale. Il ne prendra pas de signification sacramentielle[4]. Aucun prosélytisme ne cherchera à l'imposer. La relation éthique, impossible sans justice, ne prépare pas seulement à la vie religieuse, ne découle pas seulement de cette vie, mais est déjà cette vie même. La connaissance de Dieu consiste selon le verset 16 du chapitre 22 de Jérémie « à faire droit au pauvre et au malheureux ». Le Messie se définit, avant tout, par l'instauration de la paix et de la justice — c'est-à-dire par la consécration de la société. Aucun espoir de salut individuel — quels que soient les traits sous lesquels on le rêve — ne se peut, ne se pense en dehors de l'accomplissement social, dont les progrès résonnent, à l'oreille juive, comme les pas mêmes du Messie. Dire de Dieu qu'il est le Dieu des pauvres ou le Dieu de la justice, c'est se prononcer non pas sur ses attributs, mais sur son essence. D'où l'idée que *les rapports interhumains, indépendants de toute communion religieuse, au sens étroit du terme, constituent en quelque façon l'acte liturgique suprême, autonome par rapport à toutes les manifestations de la piété rituelle.* Dans ce sens, sans doute, les prophètes préfèrent la justice aux sacrifices du temple. Le prophète ne parle jamais du tragique humain déterminé par la mort et ne s'occupe pas de l'immortalité de l'âme. Le malheur de l'homme est dans la misère qui détruit et déchire la société. Le meurtre est plus tragique que la mort. « Pourquoi votre Dieu qui est le Dieu des pauvres ne nourrit-il pas les pauvres ? demande d'après le traité Baba-Bathra[5] un Romain à Rabbi Aquiba. — Pour que nous ne soyons pas voués à la Géhenne », répond le docteur juif. C'est à l'homme de sauver l'homme : la façon divine de réparer la misère consiste à ne pas y faire intervenir Dieu. La vraie corrélation entre l'homme et Dieu dépend d'une relation d'homme à homme, dont l'homme assume la pleine responsabilité, comme s'il n'y avait pas de Dieu sur qui compter. Etat d'esprit conditionnant le laïcisme, même moderne. Il ne se présente pas comme résultat d'un compromis, mais comme le terrain naturel des plus grandes œuvres de l'Esprit.

2. Le particularisme juif en vue de l'universalité

Mais la société universelle recherchée apparaît comme conditionnée par le particularisme juif. Pour que les hommes puissent s'aborder les uns les autres, sans heurts, en se reconnaissant mutuellement dans leur dignité humaine par laquelle ils sont égaux, *il faut que quelqu'un se sente responsable de cette égalité au point d'y renoncer,* au point d'exiger de soi « infiniment plus » et « toujours davantage ». C'est la définition même de l'élite. Position qui, en fin de compte, coïncide avec celle de la conscience morale elle-même : elle est toujours l'inégale des autres, car personne ne peut se substituer à elle. Elle est infiniment obligée. Le « je », dit Wladimir Jankélévitch, qui certainement ne se sait pas talmudiste — est le seul à ne pas avoir de droits. *L'idée forte du judaïsme consiste à transfigurer l'égocentrisme ou l'égoïsme individuel ou national, en vocation de la conscience morale.* C'est dans cette perspective que se situe pour le judaïsme lui-même le rôle propre d'Israël, sa dignité de peuple élu qu'on a si souvent méconnue. Selon un apologue du Talmud, c'est seulement à l'endroit où se célèbre le culte d'une société élue que peut se faire le salut d'une humanité[6]. Le judaïsme a apporté dans le monde, non pas l'orgueil de l'excellence nationale (qu'avaient les Grecs en s'opposant aux barbares), mais *l'idée d'une universalité découlant de l'excellence, d'une universalité de rayonnement*[7]. La fonction propre du judaïsme, son élection religieuse, lui a paru résider dans ses responsabilités d'élite, dans sa tâche d'ouvrier de la première et non pas de la onzième heure[8]. Ce qui est un privilège redoutable : « C'est vous seuls que j'ai distingués entre toutes les familles de la terre, c'est pourquoi je vous demande compte de tous vos péchés[9]. » *L'universalité dans la pensée juive, repose sur les responsabilités d'une élite qui subsiste dans sa particularité. L'universalité est l'oméga de la moralité, elle n'en est pas l'alpha.*

Mais le particularisme juif ne contredit pas, il conditionne une société universelle. Israël n'intègre pas le monde. Le judaïsme, en posant comme valeur religieuse suprême et comme but ultime la paix entre les hommes, ne la *sépare certes pas des responsabilités d'Israël*, mais ne demande à aucun moment l'adhésion de la totalité des hommes au judaïsme. Sa mission n'est pas pour convertir. Car sa tolérance n'est pas une résignation, un compromis, mais déjà une communion.

3. L'idée messianique, fondement de la société

Mais pour que l'éthique qui fonde la religion permette à cette religion de promouvoir une société à laquelle le particularisme religieux se subordonne — c'est-à-dire, au fond, déjà une société laïque — il faut affirmer le caractère inconditionnel de l'éthique. Ce que la pensée grecque apporte sous ce titre est la sagesse relative des cités. La nouveauté de l'apport juif consiste à affirmer les *dimensions planétaires de la société humaine*, l'idée d'un accord possible entre les hommes, obtenu non pas par la guerre, *mais par la fraternité,* par la paternité de Noé, d'Adam et, en fin de compte, de Dieu. Apport essentiel. Non pas parce que l'idée d'une société humaine est encore plus généreuse que l'idée d'une cité grecque ; mais parce que l'idée d'humanité rend seulement possible la justice, même nationale, en tant qu'inconditionnelle, c'est-à-dire irrévocable. L'idée d'humanité suspend la menace de la guerre qui pèse sur toute justice simplement nationale. La guerre rend provisoire toute moralité : quand une société nationale est en danger, elle vit sur un pied de guerre, se référant justement à des nécessités autres que morales. *C'est l'idée de la fatalité de la guerre, sur laquelle vit le monde antique, qui empêche sa morale de s'affranchir de la politique.* Le monothéisme juif, en découvrant une humanité fraternelle et non seulement une humanité faite d'individus semblables (nés de pierres que Deucalion jetait derrière soi), découvre une morale éternelle, indépendante de la politique et seule capable de poser comme absolue la relation interhumaine. La laïcité n'implique pas moins : une politique messianique, fondement d'une éthique inconditionnelle.

4. Les notions d'étranger, de « noachide » et de « juste parmi les gentils »

L'idée d'une société mettant la religion entre parenthèses au nom de la religion même se concrétise dans l'idée de l'étranger — du *guer.* Plus de quarante fois, le Pentateuque rappelle le respect dû à l'étranger. La loi sera commune à l'étranger et à l'autochtone — ce qui se justifie à la fois par la fraternité humaine et par la communauté de la misère humaine (« car tu fus étranger au pays d'Egypte »). Le droit d'une personne se fonde en dehors de l'adhésion de cette personne à la religion de l'Etat. Le monothéisme juif annonce le droit naturel.

L'idée de l'étranger participant à la société en

dehors de toute allégeance religieuse s'approfondit sur le concept talmudique de *noachide*, de descendant de Noé, membre de l'humanité. L'étranger est accueilli dans la société en tant que noachide. Mais la société laïque ne se justifie pas par une conception naturaliste de la nature humaine, ni ne repose sur la simple communauté d'un concept. Elle a une condition positive. Le noachide, c'est l'être moral, indépendamment de ses croyances religieuses. Le Talmud distingue entre l'étranger qui embrasse le judaïsme — *(guer tsedek)* qui se fonde entièrement dans la communauté religieuse et qui ne se distingue plus en rien des autres juifs jusqu'à pouvoir en revendiquer les ancêtres[10] (tant il est vrai que le racisme est étranger au judaïsme) — et l'étranger qui, sans adhérer au culte israélite, observe les lois morales du noachide — *(guer tochav)*. Cela suffit pour que tous les droits civils lui soient accordés et que les lois d'assistance lui soient étendues[11].

Est noachide celui qui obéit aux sept lois suivantes : six négatives — s'abstenir : 1) de l'idolâtrie ; 2) du blasphème ; 3) du meurtre ; 4) de la débauche ; 5) de la consommation de viande prélevée sur un animal encore vivant ; 6) de l'appropriation inique et violente ; une loi positive : reconnaître l'autorité d'un tribunal. Le noachide se définit donc par la morale. L'idolâtrie a toujours comporté pour le Talmud une signification d'immoralité[12]. L'humanité de l'homme commence avec la morale. On ne demande pas au noachide de croire au Dieu des juifs : on ne peut y forcer même un esclave. Un homme qui se convertit ne convertit pas ses enfants ; jusqu'à leur majorité, ils demeurent noachides[13]. Le Talmud pense à un statut religieusement neutre, à un *être humain sans culte* et qui n'est pas, pour autant, spirituellement mutilé et mis au ban de la société. En vertu de sa conformité à une morale, il entre de plein droit dans la société. Il ne s'agit pas d'étendre la charité aux infidèles, comme dans le christianisme, mais d'*intégrer* légalement, en stricte justice. « Un non-juif qui s'adonne à la Thora — c'est-à-dire qui suit les sept commandements du noachide — est semblable au grand prêtre[14]. »

Le concept du noachide fonde le droit naturel. Il est le précurseur des droits de l'homme et de la liberté de conscience. Il s'élargit jusqu'au concept du « juste ou pieux parmi les gentils ». « Il y a des justes parmi les idolâtres qui participent au monde futur[15]. » Les liens sociaux en dehors de toute religion ont ainsi la portée et la profondeur de la communion religieuse. Il ne s'agit pas d'un simple minimum. Le monothéisme juif met en Dieu même l'aspiration à une société universelle. C'est peut-être sa spiritualité même, par laquelle il tranche sur les divinités nationales. Le « Dieu aime l'étranger » du Deutéronome[16] n'est pas un récit sur Dieu, mais une définition de Dieu.

Mais l'idée d'une société humaine englobe en fin de compte l'humanité tout entière. Le concept introduit par le Talmud[17] et les décisionnaires, sous le nom de « chemins de la paix », mène à des obligations à l'égard de l'idolâtre lui-même. Maïmonide reprend la formule un peu sèche du Talmud, mais bien dans le style de sa pensée, sans éloquence : « Il faut nourrir les pauvres des idolâtres, visiter leurs malades — tout cela à cause des chemins de la paix[18]. » Il rattache[19] les « chemins de la paix » aux versets du psalmiste : « L'Eternel est bon pour tous et sa miséricorde s'étend à toutes ses œuvres. » « Tous ses chemins sont douceur, et tous ses sentiers, la paix. » Le *Traité* Guittin[20] résume avec plus de force encore, le sens de ces versets : « Toute la Thora est en vue des chemins de la paix », et le *Traité Aboth*[21] : « Le monde repose sur trois principes : justice, vérité et paix. » Les théoriciens non juifs du droit naturel, précurseurs de la société moderne, connaissaient d'ailleurs la façon dont l'idée d'étranger s'épanouit en idée de noachide et de « juste parmi les gentils » et l'importance de ce mouvement de pensée pour la constitution de l'idée du droit naturel. John Selden (1584-1654), le grand érudit du XVIIᵉ siècle anglais, et l'un des théoriciens du droit naturel, le fonde sur la loi hébraïque, notamment dans son *De jure naturali et gentium juxta disciplinam Ebraeorum*. Hugo Grotius, fondateur de la théorie du droit des gens, loue expressément l'institution de noachide.

II

AUTONOMIE RELATIVE DU POLITIQUE

1. Notion de culture laïque

Nous avons parlé jusqu'alors d'une société où peuvent s'unir des hommes de croyances diverses. A l'intérieur d'une société religieusement homogène, la pensée juive conçoit-elle des institutions strictement laïques ? Notons que la législation religieuse juive et ses institutions fondées sur le décret divin s'interprètent aussitôt comme fondées en raison, ou du moins comme douées de rectitude morale visible à tous : « Qui est un peuple grand qui a des lois et des préceptes aussi justes que cette Thora que je vous donne aujourd'hui ! », lit-on dans le Deutéronome. La déduction talmudique se laisse guider, dans son interprétation de la Bible, par les axiomes de la conscience morale naturelle de sorte que, du point de vue juif, l'attachement à la morale de la Thora peut se passer de toute croyance dogmatique. De même, les sages du Talmud, si sévères pour les cultes idolâtres, admirent la sagesse grecque. La langue grecque est seule digne d'exprimer l'écriture en dehors de l'hébreu[22]. La communauté entre le judaïsme et la raison, le Talmud ne la tient pas de Philon. Elle s'y avoue notamment sous cette formule qui revient souvent et qu'il faudrait un jour commenter en détail : « Cette chose, je l'ai apprise chez Antonin, mais un verset la confirme[23]. » Sans commettre l'anachronisme qui consisterait à interroger la pensée talmudique sur la valeur de l'école laïque, on ne peut contester que l'idée d'une culture laïque lui est connue.

Enfin, le Talmud distingue les obligations de l'homme envers son prochain de ses obligations envers Dieu. Dieu ne peut pas délier les fautes commises à l'égard d'autrui. *Jus* et *fas* se séparent radicalement.

2. Laïcisme et politique

Le Talmud reconnaît des situations qui ne peuvent pas être régies par les principes messianiques de l'avenir, précisément parce que la guerre demeure réalité présente. Il faut penser cela avec acuité : la situation où la liberté publique laisse libres les ennemis de la liberté ne peut pas être négligée sous le prétexte que la liberté en fin de compte triomphera. La foi en le triomphe final du Bien ne saurait dispenser les hommes d'inquiétude ni d'action. La société qui prépare un avenir de justice peut succomber dans le présent. Ce danger exige selon une expression talmudique des *directives de l'heure. Ainsi la législation absolue rencontre le concept de l'histoire.* L'histoire exige une législation politique. L'originalité du judaïsme consistera à poser le pouvoir politique à côté du pouvoir de la morale absolue, sans limiter, pour autant, le pouvoir moral au destin surnaturel de l'homme (contre le christianisme), sans subordonner le pouvoir moral au pouvoir politique qui serait seul concret (contre Hegel). Mais ce pouvoir politique conserve une certaine indépendance. Il est laïque. Le prince devient principe de loi. Le Talmud de Jérusalem[24] transcrit le principe grec « *pro basileos o nomos agraphos* ». Ou comme le dit un texte plus connu, que les interprétations habituelles affaiblissent, mais que Maïmonide pense avec vigueur,

« la loi de l'Etat est la loi »[25]. Une doctrine suspendant les exigences de l'absolu en découle. Maïmonide en expose la théorie (dans *Hilkhot Melakhim* et *Hilkhot Sanhedryn* de son *Michné Thora*). Tout en subordonnant la finalité de l'Etat à la moralité et à sa réalisation, il institue cet Etat largement indépendant et de la loi rituelle et de la loi morale. Les lois de la guerre et les lois pénales, qui définissent l'originalité même de la notion du politique, dépendent du vouloir du prince. Il est autorisé, sans consulter le Sanhedryn, dépositaire de la morale absolue, à réunir des armées[26], à confisquer et à mobiliser des biens, à imposer, à nommer des fonctionnaires et des officiers[27], à décider des relations internationales. En matière de loi pénale, pour éviter la multiplication des crimes, le prince prend des mesures que la justice de la Loi absolue interdit. Maïmonide élargit les attributions de cette instance laïque en y incorporant la loi civile. Le point de vue des « nécessités de l'heure » embrasse toutes les formes de la vie.

Quelles que soient les influences grecques qu'on discerne dans cette doctrine maïmonidienne, elle s'accorde avec les données de la pensée talmudique qui reconnaît les conditions, toujours relatives, de l'action. « Tout est d'après les années, d'après le lieu, d'après l'époque[28]. » La justice absolue et la paix sont incompatibles dans l'histoire, parce que la justice rigoureuse y exclut la paix et que la paix ne peut s'y faire qu'au détriment de la justice[29].

Le pouvoir politique et royal se sépare des instances qui représentent le rite. Les commentateurs sont unanimes pour ne pas interpréter le verset : « Vous serez un royaume de prêtres », dans un sens théocratique. *Rachi* s'obstine à traduire *Cohen* (prêtre) par notable, *Nachmanide*[30] affirme que le pouvoir politique des prêtres est contraire à la Loi. Un texte du Talmud de Jérusalem[31] énonce que les prêtres ne sauraient être oints rois[32].

De même, le pouvoir royal se distingue de la

morale absolue. Le Sanhedryn — où la morale absolue se manifeste — installe le roi. Il le contrôle. Mais il le laisse régner. Le philosophe-Roi est une position absolue. Dans l'histoire, le roi se distingue du philosophe.

Il n'en est pas moins vrai qu'au-dessus de cette loi politique laïque, déterminée par l'histoire — ordre qui comporte la possibilité du crime et de la guerre — se place la loi de la Thora, loi de l'absolu qui ne disparaît pas, une fois l'autorité politique suscitée, pour laisser à César ce qui est à César. Elle seule désigne, investit et contrôle le pouvoir politique[33]. C'est au nom de l'absolu que se met en congé la loi de l'Absolu. « Qu'une lettre s'arrache à la Thora pourvu que la Thora tout entière ne s'oublie pas[34]. »

La relation entre la loi politique et la loi éternelle — (subordination de celle-là à celle-ci et indépendance de celle-là à l'égard de celle-ci) — caractérise une pensée qui tient les deux bouts de la chaîne. Mais toute l'entreprise du Talmud et l'obligation de *l'étudier* en représentent la jonction. Le Messie — celui qui instaure la société juste — descend de David. Qu'importe au Messie, justifié par sa justice, un arbre généalogique ! Mais ces liens généalogiques importent au plus haut point à David — au pouvoir politique dans l'histoire. Il faut que l'époque du Messie sorte un jour de cet ordre temporel. Il faut que ce monde politique reste parent de ce monde idéal. L'apologue talmudique est ici singulièrement suggestif. Le roi David guerroie et gouverne le jour ; la nuit où les hommes se reposent, il s'adonne à la Loi[35]. Vie double pour refaire l'unité de la vie ! L'action politique des jours qui passent commence dans un minuit éternel. Elle remonte à un nocturne contact de l'absolu.

3. La source commune du religieux et du politique

L'ordre qui commande cette vie politique dont nous venons de montrer les formes laïques n'est pas cependant sacerdotal. La loi, le docteur de la Loi, le *Sanhedryn*, précèdent et dominent hiérarchiquement l'autorité des prêtres et du culte autant que la royauté elle-même. Le grand *Sanhedryn* ne relève pas de la prêtrise et peut juger les prêtres[36]. Dans la notion du prophète indépendant et du pouvoir politique et du pouvoir religieux, invectivant rois et pontifes, se manifeste de bonne heure une religion non cléricale et non politique. Moïse, source de toute autorité politique « vêtu d'une tunique de lin blanc[37] » en dehors de toute pompe pontificale, installe et investit son frère dans la prêtrise. Il est docteur de la Loi, dépositaire et maître de la vérité morale ou prophète. La Loi est au Sinaï librement acceptée par les Israélites, et librement refusée par les Gentils auxquels, universelle, elle est proposée[38]. Une humanité morale antérieure à toute révélation est présupposée par la révélation. La notion de la Thora reste donc originale, extérieure à la distinction traditionnelle entre le pouvoir laïque et le pouvoir religieux. Elle peut être leur source et leur fondement. L'idée que la société humaine repose sur des relations indépendantes de la religion, au sens ecclésiastique et clérical du terme, est portée par la religion juive elle-même.

NOTES

1. *Contra Apion*, 2, 16.
2. Le commencement du judaïsme *moderne* coïncide peut-être avec la tentative de lire la Bible en partant de la philologie ou de

l'expérience de la terre palestinienne et avec l'abandon des repères talmudiques.

3. On distingue : *a)* Les décisionnaires *antiques* du VIIe au Xe siècle ; *b)* Les *premiers* décisionnaires du Xe au XVe siècle et *c)* les *derniers* décisionnaires du XVe au XVIIIe. Les noms éminents qui marquent le développement de cette pensée sont pour la première période les « gaonim » des académies talmudiques de Babylone : *Saadia* Gaon de Sura (882-942), *Haï* Gaon de Pumpedita (940-1038) et *Chananael* de Kaïrouan de la première moitié du XIe siècle. A la deuxième période apparaît d'abord Alfassi (1013-1103) dont le traité *Hilchot Harif* acquiert une influence prépondérante sur toute l'évolution ultérieure. Il rend aussi possible l'œuvre déterminante de Maïmonide (1135-1204) qui reprend l'ensemble du Talmud et l'éclaire dans une perspective hellénique, œuvre qui triomphe et s'impose malgré les attaques dont elle est l'objet. Ici s'opère la prise de conscience de ce que la pensée juive contenait de philosophie. De cette œuvre s'inspirent Acher Ben Jechiel (mort en 1327), son fils, Jacob Ben Acher (mort en 1343), le *Roch*, qui systématise la loi sous le titre de *Arba Tourim*. Joseph Caro (1488-1575), auteur du *Beth Josef*, commentaire de *Arba Tourim* du Roch, tire de ce commentaire le fameux *Choulkhan Aroukh* auquel Moses Isserles (1520-1572) ajoute un commentaire *Heguioth Ramo*.

4. Il y a certes, dans la tradition juive, de nombreuses interprétations de la signification du ritualisme. Celle de Maïmonide tend à fonder les institutions rituelles dans la morale. Maïmonide explique le culte des sacrifices, autour desquels s'organise une bonne partie du ritualisme juif, comme une façon de faire dériver vers Dieu ce qui domine les us et coutumes d'une époque, ce qui constitue, en somme, la religion populaire. Chaque époque retombe à sa manière dans ses us et coutumes, chaque époque a sa religion populaire et, par conséquent, à chaque époque il faut une discipline et un rite. C'est par le rite qu'il faut lutter avec le penchant humain pour le rite magique. Déjà un vieux texte rabbinique formule cette vue de Maïmonide : « Rabbi Pinhas au nom de Rabbi Levi a dit : comme les Israélites pratiquaient avec ardeur l'idolâtrie en Egypte et sacrifiaient aux boucs qui étaient des démons, l'Eternel a dit, qu'ils fassent des sacrifices à moi, en tous temps, au tabernacle, qu'ils se séparent de l'idolâtrie et qu'ils soient saints. »

5. P. 10 *a.*

6. *Traité Soucca,* 55 *b.*

7. Cf. Commentaire de *Rachi* in *Lekh-Lekha.* Les âmes acquises à Haron par Abraham et Sarah sont des âmes acquises à la vérité.

8. *Traité Abodah Zara,* 3 *a.*

9. Amos, 3, 2.

10. Maïmonide, Réponses, 369 ; *Midrach Tanchouma* in section *Leckh-Leckha.*

11. Le *Traité Baba Metzia,* p. 111, affirme que le principe de « lois sociales », exprimé dans l'obligation de ne pas ajourner la paye du salarié, s'applique au *guer tochav.*

12. Les hommes savaient parfaitement, dit le *Traité Sanhedryn,* 63 *b,* l'absurdité de l'idolâtrie, mais ils s'y livraient parce qu'elle justifiait la débauche publique.

13. *Traité Ketoubot,* 11 a.

14. *Traité Sanhedryn,* 59 ; *Avoda Zarah* 3 a.

15. *Tosefta* de Sanhedryn, 18 ; cf. aussi *Traité Sanhedryn,* 105.

16. Deut. 10, 18, 19.

17. Cf. le *Traité Guittin,* 59 *a.*

18. *Traité Guittin,* 61 *a.*

19. *Hilkhoth Melakhim* 10, 12.

20. *Traité Guittin,* 59 *b.*

21. *Traité Aboth* 1, 18.

22. *Traité Meguilla,* 9 *a.*

23. Par exemple *Traité Sanhedryn,* 91 *b.*

24. *Traité Roch Hachana,* 1, 3.

25. *Traité Guittin,* 10.

26. *Hilkhoth Melakhim,* 5, 2.

27. *Ibid.,* 4, 1 ; 4, 3 ; 4, 5.

28. *Traité Taanith,* 14.

29. *Traité Sanhedryn,* 6 *b.*

30. Cf. Commentaire de la Genèse, 49.

31. *Traité Chekalim* 16 *a.*

32. Cf. sur l'incompatibilité entre prêtrise et royauté : *Traité Kiddouchim,* 66.

33. *Traité Sabbath,* 15.

34. *Traité Tenoura,* 14.

35. *Traité Berakhoth, 3 b.*

36. *Traité Midoth,* 5, 4.

37. *Traité Taanith,* 11 *b.*

38. *Midrach Chemoth Raba,* 17.

ENTRETIENS

XIV

DE L'UTILITÉ DES INSOMNIES
(Entretien avec Bertrand Révillon)

Imaginons, Emmanuel Levinas, qu'un jeune, élève de terminale, vienne vous demander votre définition de la philosophie. Que lui répondriez-vous ?

Je lui dirais que la philosophie permet à l'homme de s'interroger sur ce qu'il dit et sur ce qu'on se dit en pensant. Ne plus se laisser bercer ni griser par le rythme des mots et les généralités qu'ils désignent mais s'ouvrir à l'unicité de l'unique dans ce réel, c'est-à-dire à l'unicité d'autrui. C'est-à-dire, en fin de compte, à l'amour. Parler véritablement, pas comme on chante, s'éveiller, se dégriser, se défaire des refrains. Déjà le philosophe Alain nous mettait en garde contre tout ce qui, dans notre civilisation, pré-tendument lucide, nous venait des « marchands du sommeil ». Philosophie comme insomnie, comme éveil nouveau au sein des évidences qui marquent déjà l'éveil, mais sont encore ou toujours des rêves.

Est-ce important d'avoir des insomnies ?

L'éveil est, je crois, le propre de l'homme. Recherche par l'éveillé d'un dégrisement nouveau, plus profond, philosophique. C'est précisément la rencontre de l'autre homme qui nous appelle au réveil, mais aussi des textes qui sont issus des entre-tiens entre Socrate et ses interlocuteurs.

C'est l'autre qui nous fait philosophe ?

Dans un certain sens. La rencontre de l'autre est la grande expérience ou le grand événement. La rencontre d'autrui ne se réduit pas à l'acquisition d'un savoir supplémentaire. Je ne peux jamais saisir totalement autrui, certes, mais la responsabilité à son égard où naît le langage, et la socialité avec lui, déborde le connaître même si nos maîtres grecs restent ici circonspects.

Nous vivons dans une société de l'image, du son, du spectacle où il n'y a que peu de place pour le recul et la réflexion. Si une telle évolution s'accélérait, notre société perdrait-elle en humanité ?

Absolument. Je n'ai pas du tout la nostalgie du primitif. Quelles que soient les possibilités humaines qui y apparaissent, elles doivent être dites. Le danger du verbalisme existe, mais le langage qui est un appel à autrui est aussi la modalité essentielle du « se-méfier-de-soi », qui est le propre de la philosophie. Mais je ne veux pas dénoncer l'image. Ce que je constate, c'est qu'il y a une grande part de distraction dans l'audiovisuel, c'est une forme de rêve qui nous plonge et nous maintient dans ce sommeil dont nous parlions à l'instant.

Votre œuvre est tout entière imprégnée d'une préoccupation morale. Curieusement, après une période de « libération » où elle a été rejetée, la science, et notamment les découvertes biologiques, amène les hommes à se poser des questions éthiques. Quel regard portez-vous sur cette évolution ?

La morale a, en effet, eu mauvaise réputation. On la confond avec le moralisme. Ce qu'il y a d'essentiel dans l'éthique se perd souvent dans ce moralisme réduit à un ensemble d'obligations particulières.

Qu'est-ce que l'éthique ?

C'est la reconnaissance de la « sainteté ». Je m'explique : le trait fondamental de l'être est la préoccupation que tout être particulier a de son être même. Les plantes, les animaux, l'ensemble des vivants s'accrochent à leur existence. Pour chacun, c'est la lutte pour la vie. Et la matière dans son essentielle dureté n'est-elle pas fermeture et choc ? Et voilà dans l'humain l'apparition possible d'une absurdité ontologique : le souci d'autrui l'emportant sur le souci de soi. C'est cela que j'appelle « sainteté ». Notre humanité consiste à pouvoir reconnaître cette priorité de l'autre. Vous comprenez maintenant mieux les premiers énoncés de notre entretien et pourquoi je porte tant d'intérêt au langage : il s'adresse toujours à autrui, comme si on ne pouvait pas penser sans se soucier déjà d'autrui. D'ores et déjà, ma pensée est dans un dire. Au plus profond de la pensée s'articule le « pour-l'autre », autrement dit la bonté, l'amour d'autrui plus spirituel que la science.

Cette attention à l'autre, est-ce que cela s'enseigne ?

A mon avis, cela se réveille devant le « visage » d'autrui.

L'autre dont vous parlez, est-ce aussi le tout-Autre, Dieu ?

C'est là, dans cette priorité de l'autre homme sur moi que, bien avant mon admiration pour la création, bien avant ma recherche de la première cause de l'univers, Dieu me vient à l'idée. Lorsque je parle de l'autre, j'emploie le terme de « visage ». Le « visage », c'est ce qui est derrière la façade et sous la contenance que chacun se donne : la mortalité du prochain. Pour voir, pour connaître le « visage », il faut déjà dé-visager autrui. Le « visage » dans sa nudité est la faiblesse d'un être unique exposé à la mort, mais en même temps l'énoncé d'un impératif qui m'oblige à ne pas le laisser seul. Cette obligation, c'est la première parole de Dieu. La théologie commence pour moi dans le visage du prochain. La divinité de Dieu se joue dans l'humain. Dieu descend dans le « visage » de l'autre. Reconnaître Dieu, c'est entendre son commandement : « Tu ne tueras point », qui n'est pas seulement l'interdit de l'assassinat mais est un appel à une responsabilité incessante à l'égard d'autrui — être unique — comme si j'étais élu à cette responsabilité qui me donne, à moi aussi, la possibilité de me reconnaître unique, irremplaçable et de dire « je ». Conscient que dans chacune de mes humaines démarches — dont autrui n'est jamais absent — je réponds de son existence d'être unique.

Comment le philosophe juif que vous êtes regarde-t-il le procès Barbie ?

C'est pour moi de l'ordre de l'horrible. Horreur qui ne pourrait être ni réparée ni oubliée. Par aucune sanction, cela est certain. Limite de la responsabilité ? Il y a dans cette certitude un bouleversement — je ne dis pas la vanité — de bien de nos méditations eschatologiques, juives et non juives. Mais ce procès, plus horrible que toute sanction, ne devrait pas se dérouler comme il se déroule. Il faudrait aller à cette condamnation sans banaliser, à travers le formalisme et les artifices juridiques inévitables, l'horreur dans ses dimensions apocalyptiques.

Cet homme reste un « autre » pour vous ?

Si quelqu'un, en son âme et conscience, peut lui pardonner, qu'il le fasse. Je ne peux pas.

XV

ENTRETIEN AVEC ROGER-POL DROIT

Il vous est arrivé de dire : « L'Europe, c'est la Bible et les Grecs. »
En un sens, cette formule pourrait d'ailleurs s'appliquer à l'ensemble
de votre démarche intellectuelle dans laquelle la philosophie issue
de l'héritage hellénique se trouve confrontée à la tradition judéo-
chrétienne. Pourriez-vous indiquer d'abord ce que peut représenter,
dans cette phrase, « la Bible » ?

Il ne s'agit là, évidemment, que d'une manière
d'indiquer des grandes directions, et non d'une dési-
gnation précise d'ensembles historiques. La Bible,
ou, si l'on préfère, la source judéo-chrétienne de
notre culture, consiste à affirmer un lien primordial
de responsabilité « pour l'autre », de sorte que, d'une
manière apparemment paradoxale, le souci relatif à
autrui peut précéder le souci de soi, la sainteté se
montrant possibilité irréductible de l'humain et
Dieu, être appelé par l'homme. Evénement éthique
originel qui serait aussi théologie première.
L'éthique, ainsi, n'est plus simple moralisme des
règles qui édictent le vertueux. C'est l'éveil originel
d'un « je » responsable d'autrui, l'accession de ma
personne à l'unicité du « je » appelé et élu à la
responsabilité pour autrui. Le « je » humain n'est pas
une unité close sur soi, telle l'unicité de l'atome, mais
une ouverture celle de la responsabilité, qui est le
vrai commencement de l'humain, et de la spiritualité. Dans l'appel que m'adresse le visage de l'autre

181

homme, je saisis de façon immédiate les grâces de l'amour : la spiritualité, le vécu de l'humanité authentique.

L'attitude que vous décrivez évoque la sainteté. Le moins qu'on puisse dire, c'est que la presque totalité des humains s'en trouve fort éloignée...

La sainteté est néanmoins la suprême perfection, et je ne dis pas que tous les humains sont des saints ! Mais il suffit que, parfois, il y ait eu des saints, et surtout que la sainteté soit toujours admirée, même par ceux qui en semblent le plus éloignés. Cette sainteté qui fait passer autrui avant soi devient possible dans l'humanité. Et il y a du divin dans cette apparition de l'humain capable de penser à autrui avant de penser à lui-même. Avec l'humanité, la sainteté vient donc transformer l'être de la nature en constituant cette ouverture dont je parlais tout à l'heure. C'est cela, en très résumé, que peut désigner, dans la formule dont nous sommes partis, « la Bible ».

Et les Grecs ? Car Socrate affirme, lui aussi, qu'il vaut mieux être la victime que le bourreau, ou encore que nul n'est méchant volontairement. En quoi les Grecs se distinguent-ils ?

Il est vrai que, par certains traits, les Grecs ont été capables d'être « bibliques » si j'ose dire. Aux exemples que vous avez mentionnés, il faudrait aussi ajouter l'idée de Platon qui place le Bien au-dessus de l'Etre, ce qui est tout à fait extraordinaire. Il ne faudrait donc pas opposer radicalement, dans l'héritage européen qui est le nôtre, les sources judéo-chrétiennes et les sources grecques.

Il y a toutefois une dimension spécifique où les Grecs ont excellé en centrant leur réflexion sur la question de l'harmonie et de l'ordre de l'être. C'est la dimension de l'Etat, de la justice, et du politique. La justice est distincte de la charité, car elle fait intervenir une forme d'égalité et de mesure, un ensemble de règles sociales à établir ainsi que le juge l'Etat, et donc la politique. La relation entre moi et autrui

182

doit, cette fois, laisser place à un tiers, à un juge souverain qui décide entre les égaux.

Pourriez-vous illustrer cela par un exemple ?

Imaginons qu'il s'agisse de juger un homme et de rendre la sentence. Pour inventer cette sentence, on se trouve encore dans ce face-à-face entre moi et autrui et on ne doit regarder que le visage. Mais, dès que la sentence est prononcée, dès qu'elle est rendue publique, il faut qu'elle puisse être discutée, contestée, approuvée ou combattue. L'opinion, les citoyens, aujourd'hui la presse, peuvent intervenir et dire, par exemple, que cette sentence doit être revue.

C'est là, me semble-t-il, le fondement même de la démocratie. On peut débattre des décisions, on peut les rapporter. Il n'y a aucun décret humain qui ne soit révisable, et la charité se trouve alors mise à l'épreuve de la vérification publique. Même s'il existe quelques exemples d'une telle attitude dans les textes de la Bible, c'est avant tout sur ce point que se situe l'apport des Grecs à la culture européenne.

Que répondriez-vous à celui qui vous dirait qu'il n'admire pas la sainteté, qu'il ne ressent pas cet appel de l'autre, ou plus simplement qu'autrui l'indiffère ?

Je ne crois pas que cela soit véritablement possible. Il s'agit là de notre première expérience, celle-là même qui nous constitue, qui est comme le fond de notre existence. D'ailleurs, aussi indifférent qu'on se prétende, on ne peut croiser un visage sans le saluer, ou sans se dire « Que va-t-il me demander ? » Non seulement notre vie personnelle est fondée là-dessus, mais aussi toute la civilisation.

Pourtant, le règne de l'argent et l'extension de l'affairisme ne tendent-ils pas à modifier, voire à faire oublier, cette relation à l'autre que vous jugez fondamentale ?

Je ne le pense pas. Il y a, bien sûr, des aspects effrayants du capitalisme et d'une forme excessive d'attachement à l'argent qui peut tendre à masquer ou à étouffer tout le reste, mais il ne faut pas tomber dans l'erreur qui consiste à croire que l'argent est maudit et qu'on doit le déclarer systématiquement néfaste.

Je suis convaincu qu'il y a une signification éthique de l'argent et qu'il peut contribuer à une humanisation du monde. Il ne faut pas oublier que ce ne sont jamais seulement des choses que nous vendons et achetons, mais toujours des produits créés par des relations et des travaux humains. L'échange, la répartition, la forme d'égalité et de circulation entre les humains que l'argent rend possibles en font plutôt, à mes yeux, un facteur de paix et de relations saines. Le troc est, au contraire, une source d'affrontements et de guerre. Et l'argent, c'est la fin du troc.

Doit-on en conclure que la disparition des Etats socialistes et le retour des pays de l'Est à l'économie de marché peuvent constituer à vos yeux des facteurs d'humanisation et de paix ?

Ce n'est pas en ces termes que la question se pose à mon avis. Personne ne déplore la chute du pouvoir communiste à cause du stalinisme, de la terreur bureaucratique, de tous les crimes liés à son existence. Certes, il est impossible de regretter Staline, qui ordonnait des atrocités au nom de la promesse humanitaire de Marx et commettait des injustices au nom d'une justice à venir.

Mais, malgré l'horreur de ce régime, il subsistait une espérance. On pouvait toujours se dire que tous ces crimes n'étaient peut-être pas commis en vain. On pouvait encore s'imaginer qu'après une période obscure et difficile à traverser viendraient des temps meilleurs. Car, même si l'Etat soviétique était devenu le plus terrible de tous, il demeurait porteur d'une promesse de délivrance, d'un espoir de libération.

La disparition de cet horizon me paraît un événement profondément troublant. Car elle bouleverse notre vision du temps. Depuis la Bible, nous sommes accoutumés à penser que le temps va quelque part, que l'histoire de l'humanité se dirige vers un horizon, même à travers des détours ou des vicissitudes.

184

L'Europe a bâti sa vision du temps et de l'Histoire sur cette conviction et cette attente : le temps promettait quelque chose. Malgré son refus de la transcendance et de la religion, le régime soviétique était l'héritier de cette conception. Depuis la révolution de 1917, on avait le sentiment que quelque chose continuait à s'annoncer, à se préparer en dépit des obstacles et des erreurs.

Avec l'effondrement du système soviétique, même si cet événement présente bien des aspects positifs, le trouble atteint donc des catégories très profondes de la conscience européenne. Notre rapport au temps se trouve mis en crise. Il me semble en effet qu'il nous est indispensable, à nous, Occidentaux, de nous situer dans la perspective d'un temps prometteur. Je ne sais pas dans quelle mesure nous pouvons parvenir à nous en passer. Voilà ce qui me paraît le plus troublant dans la situation présente.

Ne pensez-vous pas que cette expérience puisse se reporter sur un autre horizon ?

Pour l'instant je ne vois pas lequel. A moins de concevoir la société libérale que nous connaissons comme une forme d'accomplissement de toutes les promesses. On pourrait se dire en effet que, dans les démocraties occidentales, les lendemains sont garantis, la paix règne et la vraie misère n'existe presque plus. On voit par ailleurs se développer une vie faite de confort, de sécurité, de vacances et aussi de culture, de musique, d'art. Il y a là un idéal d'humanité qu'on aurait tort de croire méprisable. Quand on a connu d'autres régimes et d'autres modes de vie, on peut même considérer qu'il y a là une certaine forme de perfection humaine. On pourrait donc imaginer que la continuation et le développement de cette société libérale deviennent le principe des actions historiques. C'est une possibilité. Mais il ne s'agit plus du même genre d'espérance qu'auparavant...

Ne craignez-vous pas que les démocraties libérales ne soient minées par la résurgence d'« espérances » meurtrières, liées au retour du nationalisme, de la xénophobie, de l'antisémitisme ?

Je crois en la force du libéralisme en Europe. Mais j'ai également trop de souvenirs pour avoir une réponse certaine à cette question.

Parmi vos souvenirs, votre maître, Heidegger, occupe une place marquante. C'est d'ailleurs dans une relation critique à sa pensée que vous avez bâti votre œuvre propre. Quel regard portez-vous aujourd'hui sur lui ?

Je me souviens toujours de mes études auprès de Heidegger avec la plus grande émotion. Quelles que soient les réserves que l'on peut formuler sur l'homme et sur son engagement politique aux côtés des nazis, c'est incontestablement un génie, l'auteur d'une œuvre philosophique extrêmement profonde, dont on ne peut se débarrasser en quelques phrases.

Puis-je vous demander, malgré tout, d'indiquer quelle est la connexion, si elle existe, entre sa pensée et son engagement politique ?

Pour Heidegger, l'être est animé par l'effort d'être. Il n'y va pour l'être dans son effort d'être que l'être, avant tout et à tout prix. Cette résolution conduit à entrer dans les luttes entre individus, nations ou classes, en étant ferme et inébranlable comme l'acier. Il y a chez Heidegger le rêve de noblesse du sang et de l'épée. Or l'humanisme est tout autre. Il est plus une réponse à autrui qui accepte de le faire passer en premier, qui cède devant lui au lieu de le combattre. L'absence de souci d'autrui chez Heidegger et son aventure politique personnelle sont liées. Et malgré toute mon admiration pour la grandeur de sa pensée, je n'ai jamais pu partager ce double aspect de ses positions.

Le lui aviez-vous dit ?

Je vous répondrai seulement par un bref souvenir personnel qui se trouve être également une scène historique. J'ai assisté, pendant l'été 1929, à la célèbre

186

rencontre de Davos, qui fut marquée par l'affronte-ment philosophique entre Ernst Cassirer et Martin Heidegger. Comme vous le savez, c'est à la suite de cette confrontation historique qu'ont disparu d'Alle-magne les pensées inspirées de Kant et de l'héritage des Lumières que représentait principalement Cas-sirer. Or, un soir, pendant cette réunion, nous avions monté une revue, un petit spectacle, auquel assis-tèrent Cassirer et Heidegger, où nous mimions leur controverse. Et j'incarnais pour ma part Cassirer dont Heidegger attaquait constamment les positions. Et pour traduire cette attitude non combative et un peu désolée de Cassirer, je répétais continûment : « Je suis pacifiste... »

NOTE BIBLIOGRAPHIQUE

I.   QUELQUES RÉFLEXIONS SUR LA PHILO-
        SOPHIE DE L'HITLÉRISME, *Esprit*, 1934,
        n° 26, novembre, pp. 199-208.

II.   SUR LES « IDEEN » DE M. E. HUSSERL,
        *Revue philosophique de la France et de l'étran-
        ger*, 1929, 54e année, n°s 3-4, mars-avril,
        pp. 230-265.

III.   FRIBOURG, HUSSERL ET LA PHÉNOMÉ-
        NOLOGIE, *Revue d'Allemagne et des pays de
        langue allemande*, 1931, 5e année, n° 43,
        15 mai, pp. 403-414.

IV.   LETTRE À PROPOS DE JEAN WAHL (corres-
        pondance à la suite de l'exposé de Jean Wahl
        « Subjectivité et Transcendance » devant la
        Société française de philosophie le
        4 décembre 1937) dans : *Bulletin de la Société
        française de philosophie*, tome 37, 1937,
        pp. 194-195.

V.   INTERVENTION dans : Jean Wahl, *Petite His-
        toire de « l'existentialisme », suivie de : Kafka et
        Kierkegaard. Commentaires*, Paris, éditions
        Club Maintenant, 1947, pp. 81-89.

VI.   EXISTENTIALISME ET ANTISÉMITISME,
        Les Cahiers de l'Alliance israélite universelle,
        1947, n°s 14-15, juin-juillet, pp. 2-3.

VII.   LA RÉALITÉ ET SON OMBRE, *Les Temps
        modernes*, 1948, 4e année, n° 38, novembre,
        pp. 771-789.

VIII.   UN LANGAGE POUR NOUS FAMILIER (*Le
        Matin*, 1980, numéro hors série consacré à
        Sartre).

TABLE

Composition réalisée par JOUVE

Achevé d'imprimer en mai 2007 en France sur Presse Offset par

CPI
Brodard & Taupin

La Flèche (Sarthe).
N° d'imprimeur : 40904 – N° d'éditeur : 87144
Dépôt légal 1re publication : mars 2000
Édition 02 – mai 2007
LIBRAIRIE GÉNÉRALE FRANÇAISE – 31, rue de Fleurus – 75278 Paris cedex 06.

42/4296/2